Mundos Ibéricos
Territórios, gênero e religiosidade

CONSELHO EDITORIAL

Ana Paula Torres Megiani
Eunice Ostrensky
Haroldo Ceravolo Sereza
Joana Monteleone
Maria Luiza Ferreira de Oliveira
Ruy Braga

Mundos Ibéricos
territórios, gênero e religiosidade

Organizadoras:
Armênia Maria de Souza
Renata Cristina de Sousa Nascimento

Alameda

Copyright © 2016 Armênia Maria de Souza e Renata Cristina de Sousa Nascimento.

Grafia atualizada segundo o Acordo Ortográfico da Língua Portuguesa de 1990, que entrou em vigor no Brasil em 2009.

Edição: Haroldo Ceravolo Sereza
Editora assistente: Dafne Ramos
Projeto gráfico, diagramação e capa: Larissa Polix Barbosa
Revisão: Joana Monteleone
Assistente acadêmica: Bruna Marques
Imagem de capa: *Cerco de Lisboa* por Roque Gameiro

Esta obra foi publicada com apoio da Fapeg e Capes.

CIP-BRASIL. CATALOGAÇÃO NA PUBLICAÇÃO
SINDICATO NACIONAL DOS EDITORES DE LIVROS, RJ
M928

Mundos ibéricos : territórios, gênero e religiosidade / organização Armênia Maria de Souza , Renata Cristina de Sousa Nascimento. - 1. ed.
São Paulo : Alameda, 2017.
204 p. : il. ; 21 cm.
 Inclui bibliografia e índice
 ISBN: 978-85-793-9442-3

1. Sociologia. 2. História. 3. Arte. 4. Religiosidade. II. Nascimento, Renata Cristina de Sousa.

17-39034   CDD: 306.09
              CDU: 316.74(09)

ALAMEDA CASA EDITORIAL
Rua Treze de Maio, 353 – Bela Vista
CEP 01327-000 – São Paulo – SP
Tel. (11) 3012-2403
www.alamedaeditorial.com.br

Sumário

Prefácio
Marlon Jeison Salomon
7

Apresentação
Armênia Maria de Souza e Renata Cristina de Sousa Nascimento
11

Primeira Parte
Territórios e Utopias no Mundo Ibérico
Escalas de observação e utopias Ibéricas
Andréa Doré
17

A Territorialização do Poder Régio na América Portuguesa (Séculos XVII e XVIII)
Maria Fernanda Bicalho
39

Segunda Parte
Poder e Gênero
De Inês de Castro a Leonor Teles, papéis femininos em análise na Península Ibérica Medieval
Fatima Regina Fernandes
65

Como incluir as vice-rainhas no estudo da corte Mexicana?
Problemas metodológicos de gênero.
Alberto Baena Zapatero e Carla Andreia Martins Torres
87

Infantes e reis como administradores das Ordens Militares:
Uma estratégia governativa.
Paula Pinto Costa
107

TERCEIRA PARTE
DISCURSOS, RELIGIOSIDADES E ARTE
As Tapeçarias de Pastrana: Imagem de poder e glória
de Afonso V, o africano.
Flavia Galli Tatsch
131

Diálogos do infante d. Pedro com os clássicos medievais
Terezinha Oliveira
151

A imagem de união dos reis católicos e a religiosidade como elemento
individualizador da figura de Isabel a Católica (1474-1504)
Adriana Vidotte
165

Relíquias De Prestígio: Da Vera Cruz Ao Sudário De Oviedo
Renata Cristina de Sousa Nascimento
185

SOBRE OS AUTORES
201

Prefácio
Marlon Salomon[1]

Não foi sem certa hesitação que aceitei o convite das professoras Armênia Maria de Souza e Renata Cristina de Sousa Nascimento para redigir as linhas preliminares deste livro. Não que desconhecesse de longa data a qualidade do trabalho de ambas. Elas pertencem à primeira geração de medievalistas formada na Universidade Federal de Goiás sob o impulso pioneiro do professor José Antônio De Camargo R.de Souza e, na sequência, da professora Dulce Oliveira Amarante dos Santos. As atividades de ensino e pesquisa destes dois professores foram decisivas para a constituição e consolidação desse campo de estudos em nossa universidade no Centro-Oeste do Brasil. Sem sombra de dúvidas, no trabalho atual das organizadoras deste livro, encontra-se a certeza de sua continuidade. Mas o que um modernista - mesmo em se tratando de um leitor avisado da historiografia medieval - poderia dizer a respeito de um livro organizado por duas medievalistas? É que historicamente a relação entre historiografia medieval e moderna,particularmente com aquela que buscava enfatizar essa diferença a partir de um conceito que se consolidou na segunda metade do século XIX, o

---

[1] Professor da Faculdade de História e do Programa de Pós-Graduação em História da Universidade Federal de Goiás. Pesquisador do CNPq.

de Renascença, foi marcada por uma tensão. Para certos modernistas, a história medieval era o termo negativo de comparação que deveria necessariamente pautar a descrição dos nuovi tempi. Neste sentido, durante muito tempo, a historiografia moderna alimentou uma relação com a historiografia medieval inversamente proporcional àquela que a da Alta Idade Média sustentava com a historiografia da Antiguidade.

Mas não se trata aqui de uma concepção romântica do mundo medieval, aquela de um Victor Hugo ou de um Michelet. Não se trata tampouco daquela concepção noturna e negativa de um Jakob Burckhardt contra cujo legado os historiadores se debateram durante todo o século XX. Trata-se talvez daquela concepção que ao longo de cinco décadas certo historiador francês tratou de promover e difundir. Refiro-me a um dos mais importantes historiadores e maior medievalista do século XX: Jacques Le Goff. Sua concepção de Idade Média, é consabido, desenvolveu-se intuitivamente em direção a uma condenação da divisão da história em fatias, particularmente, entre aquela que separava a história medieval e a moderna. Ele retomava em seu trabalho uma crítica bastante radical que, durante o entreguerras, desenvolveu-se contra o conceito de Renascimento, a ponto de mostrar como os acontecimentos e fatos dessa época se integravam perfeitamente a fenômenos que eram considerados tipicamente medievais. Onde os historiadores, desde o século XIX, procuravam escavar abismos, Le Goff construiu pontes e ergueu grandes corredores.

Como não identificar neste livro, que reúne modernistas e medievalistas, a marca do saudoso historiador francês e de sua luta contra a oposição cronológica simplificadora entre Idade Média e Moderna? Todavia, aquilo que era uma bandeira nas mãos do autor de *Uma longa Idade Média* torna-se aqui um programa cujo valor heurístico pode-se observar ao cabo de sua leitura. Como não reconhecer o impacto positivo e o ganho historiográfico proporcionado pela leitura comparada dos papéis femininos nas cortes ibéricas medievais e na corte da Nova Espanha? Como não identificar na análise comparada sobre a administração régia na América portuguesa e sobre a importância das ordens militares em Portugal nos séculos XII e XIII o problema dos dispositivos de territorialização do poder monárquico? Como não perceber que, nos jogos de escala na produção de representações espaciais dos territórios portugueses no contexto da União Ibérica, na produção sob encomenda, no final do século XVI, de imagens eloquentes sobre a expansão marítima portuguesa ou na emergência, valorização e circulação de relíquias, a partir da Idade Média, como não perceber que em tudo isso se trata da representação do poder e do poder da representação?

Com isso, não quero dizer que o propósito desse livro seja o de estabelecer continuidades, lineares ou labirínticas, entre o mundo medieval e o moderno. Afirmar isso seria trair a intenção de suas organizadoras e contradizer o resultado do trabalho de seus autores. Não quero sugerir tampouco que seus autores, ao longo de seus estudos, inclinem-se à comparação histórica com o intuito de salientar diferenças ou sublinhar semelhanças entre esses períodos. Não se trata disso. Além do mais, os mundos ibéricos aqui são plurais. Estou apenas apontando o que a leitura em bloco do conjunto de textos aqui publicados parece indicar: uma nova maneira de aproximar medievalistas e modernistas cujos resultados são francamente positivos.

Apresentação

Os estudos sobre o mundo ibérico tem ocupado um importante espaço na historiografia, refletindo o interesse cada vez maior por temáticas que discutem as inter relações que envolvem os dois lados do Atlântico, em diferentes momentos da história. Experiência paradoxal e complexa, baseada na dominação, mas também na confluência cultural, que tem por fio condutor a experiência medieval. Este livro representa um esforço coletivo no debate sobre os espaços ibéricos, tanto no Velho Mundo quanto na América, englobando múltiplas possibilidades de pesquisa. Para tanto o livro está dividido em três partes: Territórios e utopias no mundo ibérico; Poder e gênero; e Discursos, religiosidades e arte.

Na primeira parte encontram-se os textos de Andréa Doré e Maria Fernanda Bicalho, tendo por viés a representação de território construída durante a União Ibérica. A intensa produção de mapas reflete a necessidade do conhecimento dos espaços ocupados. "Qual a escala escolhida pelo observador para desenhar uma explicação portuguesa estendida aos espaços fora da Europa, partilhada pelos ibéricos em momento de cisão no interior da cristandade? Quais os efeitos dessa escolha?" (Doré, 2016). Bicalho (2016), afirma que o processo de territorialização da América portuguesa foi marcado pela criação de vilas e cidades, mas também pela delimitação de diferentes circunscrições administrativas, além do posterior surgimento de novas estratégias de governo durante o período joanino.

Partindo do estudo da condição exercida pelas aias em trânsito nas cortes portuguesa e castelhana, que expressam uma dinâmica de extraterritorialidade Fátima Fernandes, através de uma metodologia de base prosopográfica se propõe a um estudo de três casos específicos; Inês de Castro, Maria de Padilla e Leonor Teles. Trajetórias emblemáticas do contexto ibérico medieval, que representam uma perspectiva típica da nobreza funcional, destacando papéis femininos de considerável expressão política. Já Alberto Zapateiro e Carla Torres, também discutem a importância do estudo sobre as vice- rainhas e as damas de corte, tendo por contexto a Nova Espanha, especialmente a corte mexicana. Recolocando o lugar da mulher no espaço público, os autores partem da premissa de que a historiografia tem sido omissa em relação a esta discussão, que pouco recuperou a importância das mulheres na cultura política dos vice- reinos na América. Encerrando esta segunda parte encontra-se o artigo de Paula Pinto Costa, que partindo do conceito de poder discute a ingerência da monarquia portuguesa no governo das ordens militares. Estas representavam uma ameaça ao crescente poder centralizador da coroa, por deterem grande quantidade de terras e terem dimensão supranacional.

Em um terceiro momento são expostos quatro textos fundamentados em diferentes narrativas sobre o imaginário religioso e artístico do mundo ibérico medieval. Flávia Galli Tatsch apresenta as *Tapeçarias de Pastrana*, em sua importância simbólica e histórica, enquanto imagem idealizada da presença portuguesa nas cidades magrebinas. Leva também em consideração toda uma trajetória artística já conhecida na Europa, influenciada pela cidade flamenga de Tournai. Já Teresinha Oliveira analisa a confluência do saber antigo na construção do discurso em prol do bem comum. É nesta perspectiva que recupera a obra *Virtuosa Benfeitoria* de autoria do Infante D. Pedro, dirigida a seu irmão, o rei D. Duarte (1391- 1438).

Arte e religiosidade estão presentes no artigo de Adriana Vidotte, que revisitando a historiografia sobre os reis católicos discute as imagens idealizadas construídas sobre estes personagens que expressam o ideal de harmonia, enfatizando que a realeza representa um só corpo. Esta representação também se faz concreta nas moedas do período. Finalizando o livro temos o texto de Renata Cristina Nascimento, que partindo do imaginário religioso medieval traz a importância das relíquias, enquanto memória espiritual do cristianismo. Estas representavam a oportunidade de uma comunicação direta com Deus, a materialidade do sagrado, trazendo prestígio ao local em que se encontravam. Neste artigo insere a importância simbólica do Sudário de Oviedo.

Esperamos, com este trabalho contribuir para ampliar os horizontes entre mundos diferentes, conflitantes e ao mesmo tempo complementares, que congregam experiências e histórias múltiplas.

Armênia Maria de Souza e
Renata Cristina de Sousa Nascimento

Primeira Parte
Territórios e Utopias no Mundo Ibérico

ESCALAS DE OBSERVAÇÃO E UTOPIAS IBÉRICAS
Andréa Doré[1]

Este artigo tem como tema a relação entre escalas de observação e perspectivas totalizantes, projetos imperiais e utopias. A análise específica recai sobre as escalas geográficas e o que podemos chamar de utopias ibéricas, presentes em um conjunto de mapas e textos sobre a Índia e o Brasil produzidos durante a União Ibérica. A produção cartográfica não ocupa aqui posição secundária ou ilustrativa, mas provoca interpretações a partir de evidências por vezes mais eloquentes do que os documentos literários. A *Enciclopédia* define "escala" da seguinte forma: "Em geografia ou em arquitetura, uma escala é uma linha dividida em partes iguais e colocada ao pé de um mapa, de um desenho ou de um projeto, para servir de medida comum a todas as partes de um edifício ou então a todas as distâncias e a todos os lugares de um mapa" (*Apud* LEPETIT, 2001: 208).

Essa definição, mesmo datando do século XVIII, reproduz o que vinha sendo praticado desde o século XV, quando as descrições da terra ganharam elementos de sistematização e padroniza-

---

[1]   Doutora em História pela Universidade Federal Fluminense (UFF). Professora do Departamento de História da Universidade Federal do Paraná (UFPR).

ção com a redescoberta da *Geographia*, de Claudio Ptolomeu. Na cartografia do Renascimento, a escala é um elemento contido nos mapas e que passa a ser essencial, mesmo que não se generalize completamente. Seu uso, porém, está presente mesmo quando não explicitada pelo cartógrafo. Dispensar a escala significaria adotar a prática de cartógrafos chineses, descrita por Jorge Luis Borges em seu tão citado conto *Del rigor de la ciencia*:

> Naquele império, a arte da cartografia alcançou tal perfeição que o mapa de uma única província ocupava uma cidade inteira, e o mapa do império uma província inteira. Com o tempo, estes mapas desmedidos não bastaram e os colégios de cartógrafos levantaram um mapa do Império que tinha o tamanho do império e coincidia com ele ponto por ponto. Menos dedicadas ao estudo da cartografia, as gerações seguintes decidiram que esse dilatado mapa era inútil e não sem impiedades entregaram-no às inclemências do sol e dos invernos. Nos desertos do oeste perduram despedaçadas ruínas do mapa habitadas por animais e mendigos; em todo o país não há outra relíquia das disciplinas geográficas...

A opção dada pela ficção – a produção de um mapa 1/1 -evitaria que o cartógrafo fosse obrigado a generalizar, selecionar, simplificar. Bernard Lepetit explica que "sacrificar detalhes do traçado de um rio ou de um contorno litorâneo conforme a escala de representação escolhida é diminuir o número de variações reconhecidas como pertinentes" (2001: 194).Ou seja, se a existência da representação exige que se selecionem apenas algumas variações, são escolhidas as que o observador considera mais pertinentes. O uso da escala, por meio de uma redução do que é observado, além de tornar o mapa possível – função em nada secundária –, está relacionado aos objetivos do cartógrafo/do observador e às possibilidades abertas pelo mapa.

A redução do objeto, independentemente da escala adotada, "serve à sua inteligibilidade". No processo cartesiano de conhecimento, como resume Lepetit, "o saber sobre o todo passa por um saber prévio sobre suas partes". O apelo à redução, porém, atua no sentido inverso, e "o conhecimento do todo precede o das partes"; em muitos casos podemos dizer que o substitui. O modelo reduzido "constrói e manifesta sua artificialidade". "Por isso, não é um homólogo passivo do objeto, mas o resultado de uma experimentação, controlável, renovável, modificável em função dos parâmetros escolhidos e de pontos de vista particulares. Ele expõe ao mesmo tempo seu caráter calculado, seu poder de inteligibilidade e sua natureza artificial". Ou dito de outra forma: "mais que uma relação de similaridade com o real, a escala designa uma redução [do real]. Ela exprime uma intenção deliberada de visar um objeto e indica o campo de referência em que o objeto está sendo pensado. A adoção de uma escala [como se verá na análise dos mapas em seguida] é inicialmente a escolha de um ponto de vista de conhecimento" (LEPETIT, 2001: 213-214).

Diferentes escalas e pontos de vista servem, assim, a objetivos diferentes. Maquiavel, na dedicatória de *O Príncipe*, de 1513, escrevia que "os que desenham os contornos dos países se colocam na planície para considerar a natureza dos montes, e para considerar a das planícies ascendem aos montes." Ele usava essa analogia, que podemos supor era familiar aos seus leitores, para justificar seu próprio saber e seu ponto de vista: "para conhecer bem a natureza dos povos é necessário ser príncipe, e para conhecer a dos príncipes é necessário ser do povo" (MAQUIAVEL, 1991: 4).

No campo da cartografia, a escala é o que diferencia os mapas geográficos (a pequena escala dos mapas-múndi) e os mapas corográficos ou topográficos (grande escala adotada para descrever regiões, vistas de cidades, portos etc.). A escolha de uma ou outra escala autoriza algumas interpretações.

Para Frank Lestringant, "a pequena escala de representação global" compreende a *quantidade* do mundo. O uso da pequena escala, que quer se aproximar da 1/1, "abre-se, idealmente, em direção ao futuro, em audaciosas antecipações estratégicas" (2009: 20). Essa escala, que favorece projetos expansionistas e simula a eficácia do controle, seria a mais adequada aos anseios dos príncipes:

> O mapa-múndi é ao mesmo tempo a representação hiperbólica e instantânea de um império sem fronteiras e um programa concreto de ação militar que contabiliza os lugares e estende, através de um espaço orientado, o dinamismo de futuras conquistas (2009: 55).

Essa perspectiva, ou essa escala, encarna "o olhar onipotente", o "olhar ideal do Criador sobre o mundo" (2009: 48).

Já a grande escala busca a *qualidade* do mundo, onde podem se inscrever os fatos históricos. É uma escala apta a "fixar o detalhe dos acidentes e a inscrever localizadamente a fugacidade do presente" (2009: 20), diz Lestringant. Seu efeito se verifica nos mapas corográficos representados no Renascimento pelas vistas de cidades feitas em perspectiva de voo de pássaro, consagrada pela coleção *Citatis Orbis Terrarum,* de 1572 (BUISSERET, 2003). Jacob Burckhardt analisou que nesse contexto "a topografia surge como uma contrapartida da biografia" (1991: 249). É o gênero que conta a história da cidade, paralelo àquele que se disseminava para contar a vida dos indivíduos e é o correspondente moderno das vistas de cima, do alto de grandes construções na atualidade, das fotografias aéreas e mais recentemente, as dos satélites.

Ambas as escalas, grande ou pequena, proporcionam a "ficção do saber", uma expressão utilizada por Michel de Certeau para responder à questão: "Onde se origina o prazer de 'ver o conjunto', de superar, de totalizar o mais desmesurado dos textos humanos?". Certeau compara o visão que se obtém do alto de grandes prédios com as vistas de cidades do Renascimento. "O olho totalizador imaginado pelos pintores de antanho sobrevive em nossas realizações. A mesma pulsão escópica frequenta os usuários das produções arquitetônicas materializando hoje a utopia que ontem era apenas pintada". A elevação de um edifício transfigura aquele que sobe até o alto em *voyeur*. "Ser apenas este ponto que vê, eis a ficção do saber". "Essa ficção", diz Certeau, "já transformava (por meio das pinturas) o espectador medieval em olho celeste. Fazia deuses" (2008: 157). A vista de cima torna, assim, compreensível a cidade por meio do apagamento de sua heterogeneidade. Podemos dizer também que ignora os conflitos e as resistências.

Há diferentes formas de analisar esse efeito de redução obtido por meio do distanciamento. Lestringant lembra que "o procedimento de redução por distanciamento é a arma adequada para arruinar as pretensões humanas de grandeza". Ele se referia às sátiras produzidas na virada do século XVI para o XVII que levavam os personagens à lua para de lá zombarem dos planos dos homens. No texto citado, *Nouvelles des regions de la lune*, uma continuação da *Sátira Manipeia*, de 1604, tratava-se das aspirações de Filipe II à monarquia universal. Mas esse procedimento é, também, o "meio técnico que tem o cosmógrafo, o filósofo ou o poeta científico [ou o turista atraído pela visão do alto] para reduzir seu objeto, que é o mundo, a dimensões compreensíveis pelo olho humano" (2009: 49).

Não só as disciplinas geográficas, mas também a história, como bem sabemos, atua por meio do uso de escalas.[2] O debate em torno das escolhas da escala de observação dos historiadores intensificou-se nos anos 1970 com o surgimento da micro história, proposta metodológica de origem italiana. A micro história era uma abordagem que se diferenciava da história então praticada,

---

2   Para algumas considerações envolvendo escalas de observação, ver CAMPBELL, 2016.

definida como história social e construída em torno da revista dos *Annales*. Esta, por sua vez, tinha também se desenvolvido como uma reação, como uma alternativa ao que se praticava antes. Como explica Jacques Revel, os *Annales* defendiam que "os historiadores deveriam, dali em diante, se afastar do único, do acidental (o indivíduo, o acontecimento, o caso singular), para investir na única coisa que poderia tornar-se objeto de um estudo científico: o repetitivo e suas variações, as regularidades observáveis a partir das quais seria possível induzir leis". Para os historiadores dos *Annales*, "a escala de observação não constituía uma das variáveis da experimentação"; eles supunham "uma continuidade de fato do social que autorizava a justapor resultados cujo arranjo não parecia constituir problema" (1998: 17-18). Para a micro história, porém, a escolha de uma escala particular de observação – independentemente de ser "macro" ou "micro" – "produz efeitos de conhecimento, e pode ser posta a serviço de estratégias de conhecimentos" (1998: 20). Maquiavel, como vimos, já sabia disso.

Essa autonomia do pesquisador, a liberdade que se atribui para definir a escala de observação, no entanto, é problematizada por Lepetit. Ele afirma que "a consideração das variações de escala situa-se inicialmente do lado do objeto". Os recursos de que os atores dispõem, os campos em que são capazes de agir são aspectos essenciais. "A variação de escala não é o apanágio do pesquisador nem sobretudo o produto do processo de construção da pesquisa. É antes a parte que cabe aos atores" (2001: 206).

Para conciliar os dois papéis, o do historiador e o de seu objeto, e uma vez que o historiador trabalha com fontes, produzidas por outros atores, as escolhas feitas por esses indivíduos devem ser consideradas. A princípio, são suas observações, traduzidas em relatos, mapas, ilustrações etc. que oferecem uma primeira "inteligibilidade" ao que é observado. No contexto da União Ibérica, quando Portugal e Espanha e seus domínios no ultramar estavam unidos sob uma mesma coroa, que dimensões foram privilegiadas pelos observadores do passado e que podem ser identificadas nos mapas produzidos sobre a Índia e o Brasil, logo espaços portugueses, feitos por encomenda dos reis espanhóis?

Parte da documentação discutida aqui já tive a oportunidade de analisar em outro viés. O objetivo era então inserir os mapas das possessões portuguesas no conjunto das necessidades de informação dos reis espanhóis da dinastia Habsburgo. Analisando em paralelo, mapas e relatos, produzidos nas primeiras décadas do século XVII sobre o Brasil e sobre a Índia, buscou-se destacar o que interessava à Coroa saber, conhecer e registrar sobre seus domínios e identificar a função dos espaços cartografados para o império. A transferência do ponto de observação de Lisboa, olhando suas possessões ultramarinas, para Madri, olhando para todo o Império espanhol, permitiu visualizar o deslocamento de interesses da Índia para o Brasil na primeira metade do século XVII. Esse deslocamento, chamado de "virada atlântica", tem diferentes cronologias, segundo a interpretação que se adote. Pode estar ligado à conjuntura que levou à tomada de Portugal por Filipe II, ou seja, teria sua origem nos finais dos anos 1560, ainda durante o reinado de D. Sebastião (SUBRAHMANYAM, 1993: 158-164). Pode-se localizá-lo também nas primeiras importações de escravos de Luanda para o Brasil, nos anos 1550 (ALENCASTRO, 2000: 69), ou ainda ver dele um prenúncio no loteamento da costa brasileira em capitanias hereditárias sob D. João III, entre 1534 e 1536. A análise da documentação localizou indícios de que a concentração de forças para a manutenção dos domínios portugueses se daria na costa brasileira e não na Índia, onde quase todas as praças seriam efetivamente perdidas ao longo do século XVII.[3]

---

3   Algumas das análises contidas neste texto foram anteriormente desenvolvidas em DORÉ, 2014.

Partindo da mesma documentação, a questão a privilegiar é o papel desempenhado pela escala de observação na compreensão dos espaços descritos por meio de relatos e mapas. Qual a escala escolhida pelo observador para desenhar uma explicação portuguesa estendida aos espaços fora da Europa, partilhada pelos ibéricos em momento de cisão no interior da cristandade? Quais os efeitos dessa escolha?

O primeiro documento é *O livro que dá razão do Estado do Brasil*, escrito por Diogo Campos Moreno, sargento-mor do Estado do Brasil, datado entre 1612 e 1613, em resposta a uma ordem de Filipe III, de Espanha. Os mapas das capitanias e costas do Brasil são de autoria de João Teixeira Albernaz I, integrante de uma das famílias de cartógrafos mais notáveis de Portugal do Renascimento (ALEGRIA et alii, 2007: 987-990). Vinte anos depois, no oceano Índico, surgiu o segundo documento: o *Livro das plantas de todas as fortalezas, cidades e povoações da Índia Oriental*, datado dos anos 1634-35 e feito após uma ordem de Filipe IV. O texto é de Antônio Bocarro, cronista e guarda-mor dos Arquivos de Goa, e as 52 vistas de cidades e fortalezas são comumente atribuídas ao secretário do vice-rei, Pedro Barreto de Resende, atribuição já questionada por alguns estudiosos (ALEGRIA et alii, 2007: 1024-1025; CID, 1992).

Nos conjuntos de mapas de ambos os documentos, somente os de Teixeira Albernaz explicitam as escalas utilizadas. Elas variam bastante e são a ferramenta de que os cartógrafos dispõem para destacar ou apagar, deliberadamente ou não, determinados conteúdos. Os autores dos textos deveriam responder às ordens régias e suas observações são orientadas neste sentido. Verifica-se como resultado que os textos incorporam aspectos considerados relevantes e representativos da existência portuguesa no Brasil e na Índia, enquanto os mapas que acompanham esses textos são mais do que uma miniatura do espaço real.

Segundo o relatório produzido sobre o Brasil, as potencialidades da colônia estavam ligadas à vastidão dos domínios, e seus maiores problemas advinham da impossibilidade de circunscrevê-los e assim protegê-los, da carência de homens para as povoações e, de maneira ambígua, da presença do gentio. Já a composição do livro de Bocarro inicia-se com a *Descripção da Fortaleza de Sofala*, na costa da África e segue os portos frequentados pelas naus da Carreira da Índia, descrevendo cada fortaleza portuguesa construída ao longo do roteiro. Muito mais descritiva do que o *Livro* de Campos Moreno, a obra enfrenta o desafio de esclarecer minimamente a complexidade das diferentes sociedades que margeavam o oceano Índico.

Apesar das muitas diferenças entre as possessões no Brasil e na Índia, o que chega aos reis na forma das vistas de fortalezas ou dos mapas da costa guarda forte homogeneidade. Colocando em paralelo duas possessões, essa característica se evidencia. Para representar a "cabeça do Estado" da Índia e a do Brasil, os cartógrafos aumentam a escala de representação.

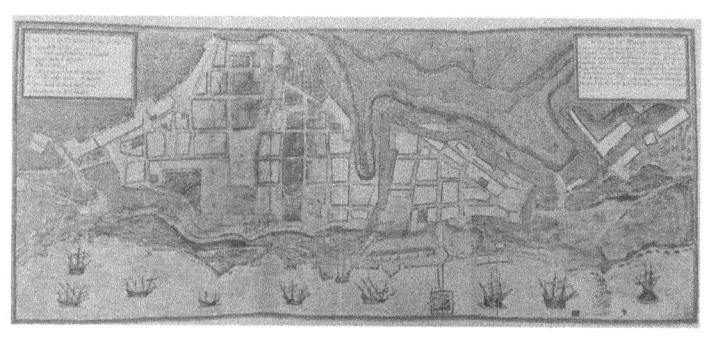

Figura 1. Planta da cidade de Salvador, na Bahia de Todos os Santos, em dois fólios. João Teixeira Albernaz I. *Livro que dá razão do Estado do Brasil*, 1612. (IHGB)

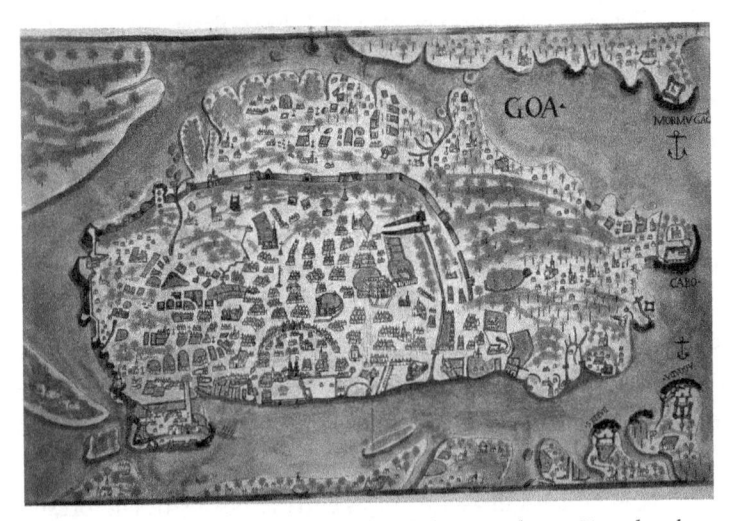

Figura 2: Ilha de Goa. Cópia de vistas de cidades inseridas no *Livro das plantas de todas as fortalezas, cidades e povoações do Estado da Índia Oriental* (1635), realizadas por António de Mariz Carneiro em *Descrição da Fortaleza de Sofala e das mais da Índia,* 1639. Códice Iluminado 149. (BN de Portugal)

Em *O livro que dá razão do Estado do Brasil,* a única localidade, o único trecho da costa representado de forma singular em uma escala qualitativa é a primeira capital. Em um grande fólio, com três vezes o tamanho dos demais, João Teixeira Albernaz reproduz uma "Planta da cidade de Salvador". Nas legendas, divididas em duas partes, localizam-se as devoções das igrejas, as ordens dos mosteiros, o Colégio da Companhia de Jesus, a Santa Casa da Misericórdia, as casas do governador, os edifícios do Tribunal da Relação e da Câmara, a cava, assinalada em vermelho, e os baluartes das muralhas. No relatório enviando da Índia, Goa, por sua vez, é representada com inúmeros detalhes: igrejas, conventos e mosteiros, o Tribunal do Santo Ofício, o único do ultramar português, edifícios do poder político, fortes, casas, muralhas, ruas, dentro e fora dos muros. São representações de qualidades e de níveis de detalhamento diferentes. A figuração de Goa traz numerosas edificações e algumas delas encontram seu equivalente nas legendas da cidade de Salvador. As preferências, estilos e habilidades dos cartógrafos se concentraram, nos dois casos, em retratar o dinamismo dessas cidades: as muitas construções em Goa; muitos barcos na Baía de Salvador.

A semelhança entre os dois espaços se verifica nas instituições representadas, que os textos detalham, assim como por meio do que a imagem se cala, por meio dos seus "silêncios" (HARLEY, 2005: 113-140). Talvez essa seja a característica mais eloquente nas vistas de Goa e de Salvador, por meio da qual representa-se a "pureza" desses aglomerados, seu caráter exclusivamente católico e português, inteligível tanto aos autores dos mapas quanto ao seus destinatários. A "pureza" está ligada à ausência de elementos significativos das culturas nativas e sedimenta o que se deseja conhecer desses territórios assim como o que se julga importante informar. A escala adotada contribui para a concentração da atenção nos elementos portugueses, já que no caso das duas capitais, edificações que pudessem identificar a presença hindu ou muçulmana, ou povoações indígenas exigiriam uma ampliação da área cartografada e o uso de uma escala menor.

Ao percorrer outras localidades, as diferenças entre os dois espaços obrigam os cartógrafos a adotar diferentes escalas de representação pelos cartógrafos na Índia e no Brasil a fim de atender a essa mesma homogeneidade. Ao cotejarmos mais de perto duas dessas produções – a cidade de Cochim, no Malabar, com a capitania de Pernambuco, no Brasil, por exemplo –, percebe-se o ordenamento das construções no interior da fortificação, no primeiro caso, e da distribuição dos engenhos, no segundo.

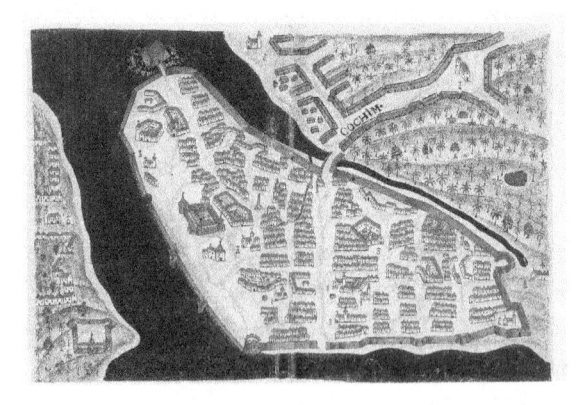

Figura 3: Vista da cidade-fortaleza de Cochim. *O Livro das plantas de todas as fortalezas, cidades e povoações do Estado da Índia Oriental*, 1635. (Biblioteca Pública de Évora)

Figura 4: "Capitania de Pernambuco". João Teixeira Albernaz I. *Livro que dá razão do Estado do Brasil*, 1612. (IHGB)

As muralhas em Cochim, arte dos portugueses, marcam o território da mesma forma que os engenhos da região do nordeste brasileiro, ambas as construções em vermelho. Para preencher os espaços vazios, palmeiras são dispostas de forma harmoniosa na praça do Malabar e uma vegetação litorânea precede a exuberância da Mata Atlântica na serra da capitania do Atlântico, enquanto rios, generosos na natureza do Novo Mundo, irrigam a produção açucareira de Pernambuco.

As duas imagens incluem, em alguma medida, artifícios, convenções ou simplificações cartográficas. Mas nas costas do Atlântico, em espaços férteis e carentes de vida civil, "despovoados", na concepção do militar e do cartógrafo, é com uma lupa que se chega à mesma escala de observação obtida no Índico. Há uma diferença gritante de escala; há uma adaptação da escala para servir à ficção do saber e ao desejo de identificação, para encontrar e representar o mundo cristão. A grande escala da representação exclusiva de Cochim, com sumárias informações imagéticas sobre o continente, ao mesmo tempo em que concentra a visão no que há de português às margens do Índico, dissimula a pequenez e a vulnerabilidade da presença portuguesa frente à imensidão das terras da Ásia. Já na capitania de Pernambuco, por meio de uma escala bem menor, as vilas de Recife e Olinda, no canto inferior direito do mapa, se associam à presença portuguesa ao possuir a mesma coloração que os engenhos que, poderíamos dizer, são "semeados" terra adentro.

No Brasil vê-se o contorno da costa, muitos rios penetrando o território e as povoações portuguesas tornam-se pequenas frente a um espaço gigantesco. Esse espaço, entretanto, mesmo que inexplorado, pertencia ao rei. Na Índia, a mesma vastidão é resumida aos espaços portugueses, e a observação se concentra na fortificação que, efetivamente, fixa os limites, muito mais tímidos, de uma dominação cercada (DORÉ, 2010). Questões ligadas às ideias de posse então vigentes e a relação entre história e natureza no âmbito do humanismo europeu oferecem propostas de interpretação para essas representações.

Quanto à concepção de posse, há uma diferença fundamental entre o que os povos anglo-saxões entendiam como suficiente para garantir o direito de posse de um território e o que entendiam os povos ibéricos. Os primeiros, sobretudo os ingleses, baseados em grande medida no pensamento de John Locke, consideravam que terras desocupadas seriam propriedade de toda humanidade até que delas se fizesse uso para a agricultura. Diferentemente, o direito de posse entre os ibéricos estava ligado a uma base político-teológica e, nesse sentido, as bulas papais seriam elemento capaz de legitimar o pertencimento de determinado território, mesmo que inexplorado pelos europeus, à coroa portuguesa ou castelhana. Vários autores analisam as repercussões desse princípio na conquista e colonização das terras americanas (HOLANDA, 1996; GREENBLATT, 1996; PAGDEN, 1998; SEED, 1999).

Podemos dizer que essa seria uma leitura sincrônica que chegava ao rei sobre seus domínios, ou seja, uma forma pela qual a utopia católica, mobilizada não apenas por meio da ação missionária, se configurava simultaneamente no Brasil e na Índia. Verifica-se, no entanto, uma leitura diacrônica, em que se pode visualizar um passado e um futuro, descrito ou projetado, em relação à mesma expectativa de implantação de uma ortodoxia católica. Essa leitura, por sua vez, está vinculada a um outro conjunto de ideias, partilhadas pelos humanistas da segunda metade do século XVI, e que dizem respeito às relações existentes entre geografia e história, entre natureza e, diríamos hoje, cultura. Na "disposição de mundo" dos humanistas, Lestringant sintetiza, "quanto mais há geografia, menos há história" (2009: 19). Os povos encontrados no novo continente não teriam acesso à história, por isso a presença recente e dispersa dos europeus na costa da América autorizava que se privilegiassem aspectos geográficos, ligados à natureza.

Nas diferenças existentes entre os textos de Campos Moreno e de Bocarro, por meio das quais se detecta o que cada um julga essencial descrever, vê-se que é na Índia que a história acontece. A presença portuguesa já tinha ali mais de um século, e mesmo as sociedades com as quais se relacionava não podiam ser comparadas à incipiência das estruturas sociais, políticas ou religiosas dos ameríndios. Se retomamos a ausência de elementos nativos nas vistas das fortalezas portuguesas na Índia, verificamos que a única exceção se encontra no mapa referente à Moçambique. A fortaleza e a cidade portuguesa se localizam na Ilha de Moçambique e em frente a esta, no continente, há a representação de duas pequenas povoações autóctones, que claramente diferem das poucas casas portuguesas com seu característico telhado vermelho. As habitações dos cafres, nome que recebem os africanos na documentação portuguesa, aparecem na representação por estarem mais próximas da natureza, seriam elementos da própria natureza. Não podem ser equiparadas à sofisticação arquitetônica – e histórica – das sociedades hindus e muçulmanas, estas sim capazes de rivalizar com os edifícios portugueses e por isso invisíveis nas vistas da costa ocidental da Índia. Outra evidência soma-se a essa interpretação. O Códice 1471 da Biblioteca do Paço Ducal de Vila Viçosa, intitulado *O livro das Plantas das Fortalezas, Cidades e Povoações do Estado da Índia Oriental*, contém uma vista de Moçambique, identificada por Armando Cortesão e Teixeira da Mota como sendo uma cópia do mapa que integra a obra de Bocarro. O cartógrafo anônimo, no entanto, transformou literalmente a presença nativa em natureza: as casas dos cafres se transformaram em árvores, enquanto duas casas portuguesas persistem no continente.[4]

---

4 O códice contém 104 plantas e é datado por Luís Silveira entre 1633 e 1641 e por Armando Cortesão e Avelino Teixeira da Mota de c. 1650. Luís Silveira afirma que "Na qualidade dos tons cromáticos utilizados – transparentes e de gradação suave – afasta-se muito do *Livro das plantas de todas as fortalezas*", de Bocarro e se aproximaria dos códices de João Teixeira, preservados em Viena. Já os autores da Portugalia Monumenta Cartográfica reconhecem que o autor baseou-se essencialmente em quatro fontes e assinalam a origem provável de

Em seu texto, Bocarro retoma traços da história dos portugueses na Índia e o momento do relato já conta com uma memória saudosa do passado. Nos anos 1630, período em que a obra foi elaborada, já sentiam-se os efeitos da presença holandesa e inglesa no Oceano Índico e o cronista escreve que "Hia *antiguamente* pera Portugal muito anil de Cambaya, *já [h]oje*, pello levarem em grão copia ingrezes e olandezes, nem quá está em preço que se possa levar, nem em Portugal tem expediente. [...] E assy, pellas ditas cauzas, está este dito comercio da India pera Portugal *já muy acabado* [...]". (BOCARRO, 1992: fl. 91v, p. 165, grifo adicionado)

Diferentemente, o compromisso de Campos Moreno em seu texto é com o futuro. Nas terras descritas, uma característica predomina: a abundância. Grandes dimensões de uma "terra fértil" (1955: p. 132, 162, 198), um sítio "sadio, fértil e viçoso" (p. 140), onde "lenhas não faltarão nunca" (p. 210). A colônia Brasil era, assim, um conjunto de potencialidades, carentes de homens fiéis ao rei, carentes igualmente de mão de obra e de segurança, mas voltados mais para o futuro do que para a memória de experiências passadas. Para este futuro, ao contrário do que se via acontecer na Índia, o autor previa a vitória dos ibéricos na concorrência com outras potências.

Esses mapas - e os textos em menor medida, uma vez que a forma literária permite que os autores se dediquem também a apontar problemas e fracassos - encerram representações de uma utopia. Não se trata aqui de uma utopia crítica da realidade, de pretensão igualitária, gênero que surge e se desenvolve no Renascimento, mas de uma utopia que visa estabelecer uma ortodoxia religiosa, que lê e representa o mundo a partir dessa crença, e a torna possível por meio da negação da presença da diferença. Mais uma

---

cada um dos mapas. (PMC, 1987: vol. V, 73-75). O mapa está reproduzido em SILVEIRA, 1988: 33.

vez, ela se torna visível por meio de uma radical e seletiva redução das "variações consideradas pertinentes".

Esses dois documentos, junto com outras produções do período, foram feitos seguindo uma ordem régia, pretendiam ser fonte de informações confiáveis para medidas administrativas e estratégias militares, defendiam a verdade e a precisão de seu conteúdo e por isso exigem uma leitura "nas entrelinhas" para que se identifique seu conteúdo simbólico. Mais de cem anos depois de desfeita a união das coroas ibéricas, quando se vivia o ocaso do Império Espanhol, surgiria, na expressão de Ricardo Padrón, "um esforço de última hora de modernizar uma ideologia cartográfica completamente falida" (2011: 38). Em 1761, o padre jesuíta Vincent de Memije, produziu nas Filipinas dois mapas. O primeiro, *Aspecto geográfico del mundo Hispánico*, contém, em uma representação cartográfica tradicional, as Américas, parte da Ásia, da África e a Península Ibérica, França e Inglaterra. O segundo mapa intitula-se *Aspecto Symbólico del Mundo Hispánico* e trata-se de um mapa alegórico que "representa uma das imagens cartográficas mais impressionantes da monarquia hispânica já produzidas" (p. 35).

Figura 5. Vicente de Memije. *Aspecto Symbólico del Mundo Hispánico: puntualmente arreglado ao Geográfico. Manila, 1761. (British Library)*

O mapa, cujo direcionamento dispõe o leste no alto, mostra os domínios do Império Espanhol na forma de uma mulher, com uma coroa posicionada sobre a Península Ibérica e com os pés sobre as ilhas Filipinas. O seu manto corresponde ao mapa das Américas. Em volta do pescoço, uma bússola é presa a uma corrente de galeões. As rotas marítimas que ligam a América às Filipinas são as pernas da mulher e as dobras da sua roupa. Seu olhar se dirige a dois querubins que seguram a espada da fé e uma representação do cálice da Eucaristia. Sobre a Coroa, há uma representação do Espírito Santo que a ilumina. Com a mão esquerda, a mulher segura uma haste na qual pende o brasão da dinastia dos Bourbons.

O contexto da produção desse mapa coincidiu com os capítulos finais das disputas entre espanhois e portugueses na América. O Tratado de Madri havia sido assinado em 1750, seria revogado no ano da feitura do mapa de Memije e a demarcação dos domínios dos dois países se definiria em 1777 no Tratado de Santo Ildefonso. Foi, porém, nesse momento que a produção de um cartógrafo mestiço recorreu ao alegórico e ao ilusionismo da pequena escala de representação para defender a unidade de uma utopia que a geografia e a política não permitiam mais imaginar.

Referências Bibliográficas

ALEGRIA, Maria Fernanda et alii. "Portuguese cartography in the Renaissance". In. WOODWARD, David (ed.). *The history of cartography.Volume three. Cartography in the european Renaissance.Part 1*. Chicago: The Chicago University Press, 2007, p. 975-1068.

ALEGRIA, Maria Fernanda, GARCIA, João Carlos e RELAÑO, Francesc, "Cartografia e viagens". In. BETHENCOURT, Francisco e CHAUDHURI, Kirti. *História da expansão portuguesa*. Vol I. Lisboa: Círculo de Leitores, 1998.

ALENCASTRO, Luiz Felipe. *O trato dos viventes. Formação do Brasil no Atlântico Sul*. São Paulo: Companhia das Letras, 2000.

BOCARRO, António. *O livro das plantas de todas as fortalezas, cidades e povoações do Estado da Índia Oriental*. [1635] Lisboa: Imprensa Nacional/Casa da Moeda, 1992, vol. II.

BUISSERET, David. "Mapping countryside and town in the new economies, 1570-1800".In.*The Mapmakers' Quest. Depicting new worlds in Renaissance Europe*. Oxford; New York: Oxford University Press, 2003, p. 152-175.

BURCKHARDT, Jacob. *A cultura do Renascimento na Itália. Um ensaio*. Trad. Sérgio Tellaroli. São Paulo: Companhia das Letras, 1991.

CAMPBELL, Courtney. "Space, place and scale: human geography and spatial history in *Past and Present*". *Past and Present*, 2016, p. 1-23.

CERTEAU, Michel de. *A escrita da história*. Trad. Maria de Lourdes Menezes. 2º ed. Rio de Janeiro: Forense, 2008.

CID, Isabel. "Introdução". *O livro das plantas de todas as fortalezas, cidades e povoações do Estado da Índia Oriental*. Volume I: Estudo histórico, codicológico, paleográfico e Índices. Lisboa: Imprensa Nacional/Casa da Moeda, 1992, p. 9-35.

CORTESÃO, Armando e MOTA, Avelino Teixeira da (dir.). *Portugaliae Monumenta Cartographica (PMC)*. Reprodução Fac-Similada da edição de 1960. Lisboa: Imprensa Nacional-Casa da Moeda, 1987, 6 vols.

DORÉ, Andréa. *Sitiados. Os cercos às fortalezas portuguesas na Índia (1498-1622)*. São Paulo: Alameda, 2010.

DORÉ, Andréa. "O deslocamento de interesses da Índia para o Brasil durante a União Ibérica". In. *Colonial Latin American Review*, Vol. 23, Issue 02, 2014, p. 172-197.

GREENBLATT, Stephen. *Possessões maravilhosas: o deslumbramento do Novo Mundo*. Trad. Gilson César Cardoso de Souza. São Paulo: Edusp, 1996.

HARLEY, *La nueva naturaleza de los mapas*. Ensayos sobre la historia de la cartografia. Comp. De Paul Laxton. Trad. Leticia García Cortés, Juan Carlos Rodríguez, México: FCE, 2005.

HOLANA, Sérgio Buarque de. *Visão do paraíso: os motivos edênicos no descobrimento e colonização do Brasil*. 6a ed. São Paulo: Brasiliense, 1996.

LEPETIT, Bernard. "Arquitetura, geografia, História: usos da escala". In: SALGUEIRO, Heliana Angotti (org.). *Por uma nova história urbana*. São Paulo: Edusp, 2001, p. 191-226.

LESTRINGANT, Frank. *A oficina do cosmógrafo ou A imagem do mundo no Renascimento*. Trad. Edmir Missio. Rio de Janeiro: Civilização Brasileira, 2009.

MAQUIAVEL, Nicolau. "Nicolau Maquiavel ao magnífico Lorenzo, filho de Piero de Médicis". In: *O Príncipe. Escritos Políticos*. São Paulo: Nova Cultural, 1991.

MORENO, Diogo de Campos. *Livro que dá razão do Estado do Brasil* – 1612. Ed. Crítica, com introdução e notas de Helio Vianna. Recife: Arquivo Público Estadual, 1955.

PADRÓN, Ricardo. "From abstraction to allegory. The Imperial Cartography of Vicente de Memije". BRÜCKNER, Martin (ed.). *Early American Cartographies*.The University of North Carolina Press, 2011.

REVEL, Jacques. "Microanálise e construção do social". In. REVEL, Jacques (org.). *Jogos de escala. A experiência da microanálise*. Rio de Janeiro: FGV, 1998.

SEED, Patrícia. *Cerimônias de posse na conquista europeia do Novo Mundo (1492-1640)*. São Paulo: Unesp, 1999.

SILVEIRA, Luís (ed.). *O livro das plantas das fortalezas, cidades e povoações do Estado da Índia Oriental com as descrições do marítimo dos reinos e províncias onde estão situadas.* Lisboa: Centro de Documentação e Informação do IICT, 1988.

SUBRAHMANYAM, Sanjay. *O império asiático português, 1500-1700. Uma história política e económica.* Lisboa: Difel, 1993.

A Territorialização do poder Régio na América Portuguesa (Séculos XVII e XVIII)[1]

Maria Fernanda Bicalho[2]

Este artigo abordará o processo de territorialização do poder régio e de construção simultânea do território da América portuguesa em dois tempos, em duas conjunturas específicas: a primeira em fins do século XVI e início do XVII, durante o período conhecido como de União Ibérica (1580-1640), e a segunda ao longo da primeira metade do século XVIII, durante o governo de D. João V (1706-1750). Serão privilegiadas as múltiplas jurisdições, a atuação dos oficiais régios, sobretudo os ouvidores-gerais, e a fundação de vilas como estratégias de centralização e de intensificação do poder real.

---

1   Esse artigo é produto de uma pesquisa intitulada "Conhecer e demarcar o território e fundar vilas: Conselheiros e magistrados na gestão política e territorial da América portuguesa no reinado de D. João V", financiada com bolsa de Produtividade em Pesquisa do CNPq.
2   Professora do Departamento de História da Universidade Federal Fluminense. Integrante do Laboratório "Companhia das Índias".

Primeiro tempo:
O tempo dos Filipes ou Portugal sob a égide dos Áustria

Entre os estudos recentes que têm se dedicado a analisar as reformas administrativas na América portuguesa no período da União Ibérica (STELLA, 2000; COSENTINO, 2014: 107-167), encontra-se a tese de doutorado, ainda inédita, de Guida Marques, *L'Invention du Brèsil entre deux Monarchies. Gouvernement et pratiques politiques de l'Amérique portugaise dans l'union ibérique (1580-1640)*, defendida na École *des Hautes* Études *en Sciences Sociais* em 2009. Um dos muitos méritos deste trabalho é a análise da dimensão profundamente imperial da agregação de Portugal à Monarquia hispânica e de seu enquadramento atlântico. É essa a perspectiva sobre a qual também nos basearemos, uma vez que foi justamente durante a União ibérica que se deu, como a autora defende, a "institucionalização do Brasil" (MARQUES, 2009: 257-280).

A agregação de Portugal à Monarquia dos Áustria se deu numa conjuntura marcada pelo que Vitorino Magalhães Godinho chamou de "viragem estrutural" do Índico para o Atlântico, que se consubstanciou na reorientação das rotas marítimas e comerciais e, sobretudo, no crescimento das rendas alfandegárias da Coroa portuguesa, quer no litoral da América, quer nos entrepostos da África ocidental (GODINHO, 1978: 245-280). Se em 1619, o comércio asiático representava ainda 40% das rendas alfandegárias de Portugal, este percentual não cessou de diminuir na proporção inversa ao crescimento da agricultura açucareira, principalmente nas capitanias do Norte – Bahia e Pernambuco – e sua integração ao complexo atlântico, via tráfico negreiro. Em tabela apresentada por Luiz Felipe de Alencastro, em *O Trato dos Viventes*, entre 1600 e 1625 o desembarque de africanos no Brasil subiu de cerca de 50 mil para em torno de 200.000 almas (ALENCASTRO, 2000: 43).

É ainda de Alencastro o argumento de que o chamado exclusivo colonial só se definiu após 1580, em plena União Ibérica, assim como o sentido da virada que resultou na colonização dos colonos, ou seja, na sua submissão aos interesses metropolitanos. Porém, não é meu objetivo aqui adentrar pelas discussões historiográficas sobre o sentido da colonização. Meu propósito é outro: entender a reconfiguração espacial-institucional sofrida pela América portuguesa no tempo dos Filipes, principalmente a de sua região centro-sul.

No entanto, antes disso, creio que valha à pena voltar ao que Guida Marques chamou de "institucionalização do Estado do Brasil" sob o governo dos Áustria, marcada por importantes mudanças políticas, institucionais e jurisdicionais levadas a cabo pelo poder real. As reformas então empreendidas alteraram a arquitetura e o equilíbrio dos poderes, não só na América, mas também no reino de Portugal (MARQUES, 2009: 209-256). Quanto a este último, remeto-me aqui a um artigo de António Manuel Hespanha, publicado na revista *Penélope*, que chama a atenção para o carácter estrutural das mudanças políticas empreendidas pelos monarcas da Casa de Áustria. De acordo com o autor, o período da monarquia dual introduziu algumas novidades no plano da constituição política do reino. Um primeiro exemplo é o advento de novas formas de institucionalizar a comunicação política entre a coroa e os poderes periféricos, não apenas no que se refere à reunião das Cortes, mas também no que diz respeito aos demais órgãos que asseguravam a participação/representação do reino e velavam pela salvaguarda dos seus foros e jurisdições: os Conselhos e Tribunais. Em suas palavras, o período dos Filipes:

> Por um lado, promociona a imagem da unidade do reino como corpo político, dotado de uma cabeça (*capital*) e de extensões territoriais também encabeçadas pelas suas cidades e vilas mais notáveis. O espaço de representação política deixa de ser a anterior constelação inorgânica de centena e meia de concelhos, para

se tornar num sistema, hierarquizado, de *uma cabeça com um número limitado de membros*, assegurando o controlo de todo o corpo. Por outro lado, acrescenta ao modelo da representação/participação por cortes, o modelo da representação sinodal/burocrática (HESPANHA, 1989: 53).

Também em Portugal a polissinodia sofreria uma expansão no perído da União Ibérica. Em 1582 foi criada a Relação do Porto, subordinada à Casa de Suplicação em Lisboa. Em 1591 foi a vez da criação do Conselho da Fazenda e, em 1604, do Conselho da Índia, tribunal com jurisdição específica sobre o ultramar que, no entanto, teve duração efêmera, talvez devido aos intermináveis conflitos de jurisdição com o Conselho da Fazenda e, sobretudo, com a Mesa de Consciência e Ordens. Esta última ganhou novo regimento em 1608. Por outro lado, a monarquia dual atingiu sua eficácia máxima em termos legislativos com a publicação das Ordenações Filipinas em 1603.

Em *Às Vésperas do Leviathan*, António Manuel Hespanha argumenta que o governo por tribunais, baseado no paradigma jurisdicionalista limitava fortemente a capacidade de acção da coroa. Em suas palavras,

> Um sistema de governo deste género levava necessariamente àquilo a que, há alguns anos, P. Gubert denominou de 'burocracia descerebrada'. Com isso ele queria aludir ao facto de, na estrutura político-administrativa espanhola do século XVII, um sensível empolamento do corpo de oficiais letrados e de carreira, organizados em conselhos e tribunais, não corresponder a uma unidade de direcção. […] Na verdade, neste regime poli-sinodal, a veemência com que cada um defendia a sua esfera da competência provocava, por um lado, dúvidas e conflitos cotidianos que impediam a supremacia de um sobre os restantes, contribuíam

em grau não despiciendo para a paralisia e ineficácia da administração central da coroa (HESPANHA, 1994: 288-289).

Não só no reino, mas também em sua relação com o ultramar, o processo ordinário da comunicação político-administrativa desde os tempos dos Áustria passou a ser a consulta. Ouvir os tribunais e conformar-se com as consultas eram o modelo do bom governo. Ainda segundo o autor, a consulta escrita e, portanto, passível de ser arquivada, para além de criar uma memória e uma jurisprudência administrativas, consolidava um "ponto de vista técnico" da burocracia letrada, conferindo-lhe autoridade e autonomia frente aos particularismos e a uma possível arbitrariedade, quer dos apetites individuais, quer da ação voluntariosa do monarca (HESPANHA, 1994: 291-293). No entanto, a partir das primeiras décadas do século XVII os procedimentos começariam a se alterar, passando-se progressivamente de um paradigma "jurisdicionalista", para um paradigma "político", baseado quer na proeminência da figura do "valido" (SCHAUB, 2001), quer na convocação pelo monarca de juntas eventuais (BICALHO, 2010: 343-371).

Porém, voltemos ao processo de "modernização", "institucionalização" e "territorialização" do poder na América portuguesa durante a União Ibérica. Aliás, processo que teria sido fundamental não só para a viabilização da gestão imperial, como também para a integração do Brasil ao império ultramarino de um Portugal cada vez mais "atlantizado" (MARQUES, 2009: 257-280).

Deste lado do Atlântico, a defesa, a fazenda e a administração da justiça foram os campos privilegiados de intervenção do poder legislativo e modernizador dos Áustria. Este foi marcado pelo adensamento da rede de funcionários régios, pela criação de novas instituições e circunscrições administrativas e pelo esforço de um maior controle do território. Em relação aos Governadores-Gerais, três, de um total de cinco, foram os regimentos baixados no período filipino: os de Francisco Giraldes (1588), Gaspar de Sousa (1612) e Diogo de Mendonça Furtado (1621), já estudados por Franciso Cosentino (2009). Em 1609 se deu a implantação da Relação da Bahia, que, segundo Schwartz, deveu-se sobretudo ao crescimento em tamanho e importância da América nos cálculos tanto de Lisboa, quanto de Madri (SCHWARTZ, 2001: 68).

A conquista e a colonização da parte norte do Estado do Brasil levaram ao estabelecimento do Estado do Maranhão e Grão-Pará, com uma estrutura administrativa diretamente subordinada a Lisboa. Embora o "Estado" tenha sido criado em 1621, desde 1619 existia um regimento para o principal responsável por sua administração judicial: o Ouvidor-Geral do Maranhão. Este recebia e julgava os recursos das sentenças tanto dos representantes judiciais nas câmaras, os juízes ordinários, quanto dos ouvidores das capitanias sob sua jurisdição, enviando as apelações e agravos de seus julgamentos para a Casa de Suplicação em Lisboa. Ainda no período filipino os Ouvidores Gerais do Maranhão receberam novo regimento, em 1624 (CUNHA e NUNES, 2016:13-14).

Para além da criação do Estado do Maranhão em 1621, empreendeu-se o estabelecimento, em 1608, de um governo-geral no Sul – a Repartição do Sul. Simultaneamente ao governador, foi nomeado um Ouvidor-Geral do Sul, que possuía jurisdição em questões judiciais sobre as capitanias daquela vasta região, incluindo Rio de Janeiro, São Paulo, Espírito Santo e territórios auríferos. A Repartição do Sul teve existência efêmera, sendo extinta em 1612. Porém, a extensa comarca sob jurisdição do Ouvidor Geral do Sul continuou a existir até inícios do século XVIII. O primeiro regimento baixado para esse ouvidor datava de 1619, pelo qual lhe cabia julgar recursos das sentenças dos juízes ordinários e dos ouvidores (donatariais) da região de São Vicente, Rio de Janeiro e Espírito Santo. Subordinava-se, no entanto, à Relação do Estado do Brasil, para onde enviava as apelações e agravos dos feitos que julgasse. Outro regimento, de 1626, manteve as funções que lhe foram determinadas anteriormente, retirando apenas o poder de realizar correições nas capitanias de sua jurisdição. Essa suspensão foi temporária, porque as correições continuaram a ser feitas e esta importante atribuição voltou a constar do regimento seguinte, de 1630 (MELLO, 2010: 29-40; MELLO, 2015: 99-137).

O fim da Relação da Bahia, em 1626, trouxe modificações na estrutura judicial do Estado do Brasil. A administração judicial ficou centralizada (ou descentralizada, quer dizer, dividida) em três Ouvidorias Gerais, independentes entre si e diretamente subordinadas à Casa de Suplicação de Lisboa: uma no Estado do Maranhão, outra no Estado do Brasil e a terceira na Repartição do Sul.

A partir do início do século XVII a atribuição de designar ouvidores para o ultramar foi sendo gradualmente transferida da esfera senhorial dos capitães donatários para a Coroa, que passou a instalar magistraturas de designação régia, de acordo com o estabelecido pelas Ordenações Filipinas. Isso se deu tanto com a criação de novas capitanias régias como com o resgate das capitanias senhoriais por parte da Coroa, num movimento de centralização que se intensificou após a Restauração Portuguesa e à medida em que a importância econômica do Brasil crescia. Mais enfática do que a diminuição da alçada dos donatários foi a permissão, sobretudo a partir do terceiro quartel do século XVII, da entrada do ouvidor--geral – oficial régio – nas capitanias donatariais para fazer correição, isto é, fiscalizar a atuação dos funcionários responsáveis pelo governo e pela justiça. Isso implicou um maior poder dos agentes da Coroa sobre a administração senhorial e, em especial, sobre o primado da justiça e o cumprimento da legislação (CAMARINHAS, 2010: 119-127).

A agregação de Portugal à Monarquia dos Áustria fez com que ambos os reinos passassem minimamente a compartilhar a experiência de um império construído pelo território e pela necessidade de seu conhecimento e gestão. Impunha-se o desafio de ampliação e consolidação da presença portuguesa no ultramar. Não só a criação do Estado do Maranhão e da Repartição do Sul aponta neste sentido. Mas também o proceso de apropriação do território e de jurisdições pela Coroa. Em 1580 o Brasil se dividia em oito grandes capitanias: São Vicente, Rio de Janeiro, Espírito Santo, Porto Seguro, Ilhéus, Bahia, Pernambuco e Itamaracá. Apenas Rio de Janeiro e Bahia eram capitanias reais, as demais eram donatariais. Em termos de anexação territorial, ao longo dos reinados dos Filipes deu-se a conquista do Pará, Maranhão, Siará, Rio Grande, Paraíba e Sergipe, que passaram, todos, a compor o patrimônio régio, aumentando o prestígio e o poder da Coroa, potenciando sua disponibilidade de conceder terras, prover ofícios e garantir privilégios comerciais e políticos em troca de serviços prestados pelos novos e leais súditos portugueses. Em 1619, Filipe II (de Portugal) adquiriu a capitania de Cabo Frio, que, embora pequena, constituía, por excelência, região de arribada de navios franceses em busca de mercadejar pau-brasil. Sua posição estratégica para a defesa da região sul, desde o Espírito Santo até o Rio da Prata levou a que os esforços para sua defesa, assim como a responsabilidade de sua administração militar fossem conferidos ao governador do Rio de Janeiro (MARQUES, 2009: 232-235).

A criação de vilas e cidades é sintoma desta mesma política de territorialização do poder real. Durante a União Ibérica, diversas vilas e cidades foram fundadas nas diferentes capitanias, tanto no litoral, quanto no sertão: Cairu, na Bahia (1608); São Cristóvão, em Sergipe (1590); Vila Formosa (atual Serinhaém), em Pernambuco (1627); Filipéia de Nossa Senhora das Neves da Paraíba (atual João Pessoa), na Paraíba (1585); Natal, no Rio Grande do Norte (1599); Nossa Senhora de Belém (1616); Vila Souza do Caeté (atual Bragança) (1634); Vila Viçosa de Santa Cruz do Cametá (atual Cametá) (1635); Gurupá (1639), as quatro últimas no Pará;São Luís do Maranhão (1612) e Santo Antônio de Alcântara (1637), ambas no Maranhão; Angra dos Santos Reis da Ilha Grande (1608) e Nossa Senhora da Assunção do Cabo Frio (1615), na capitania do Rio de Janeiro; e cinco vilas em São Paulo: São João Batista de Cananéia (1587); Santana de Mogi das Três Cruzes (1611); Santana de Parnaíba (1625); São Sebastião (1636), e Exaltação de Santa Cruz de Ubatuba (1637) (REIS FILHO: 1968).

Esse processo de "institucionalização" dos Estados do Brasil e do Maranhão e Grão-Pará correspondia a uma preocupação simultânea de conhecimento do território e governo da América portuguesa. De acordo com Guida Marques, atenção especial foi dada ao aprimoramento dos mecanismos de comunicação político-administrativa entre a América, Lisboa e Madri. Diogo Botelho, enviado para governar a Bahia no início do século XVII, foi encarregado de proceder a um exame das despesas da Fazenda Real e confeccionar um relatório pormenorizado a ser remetido a Lisboa. Alguns anos depois, em 1616, esta nova prática administrativa, baseada na confecção de relatórios e inventários, foi institucionalizada, gerando "mapas" de entradas e despesas da Fazenda Real, baseado nos quais se geria o pagamento dos funcionários régios no ultramar, quer civis, quer eclesiásticos. Estes "mapas", resultados de minucioso questionário, permitiam ainda um diagnóstico aproximado do conjunto dos oficiais régios a serviço da coroa nas plagas americanas (MARQUES, 2009: 214-220).

Remetendo-se às Índias de Castela, Ronald Raminelli menciona crônicas e inventários produzidos pelos súditos do ultramar. A seu ver,

> nada se compara à amplitude das *Relaciones Geográficas*, questionário composto pelo cronista e cosmógrafo do rei [de Espanha], Juan López de Velasco. Elaborada em 1577, essa enquete reuniu dados indispensáveis para viabilizar aprimorada cartografia do

> Novo Mundo, continente que ainda era desconhecido do *kosmos*. As *Relaciones* eram parte de uma política de intervenção da monarquia, própria da modernidade, e recolhiam dados, por vezes semelhantes aos fornecidos por Oviedo e Hernández. Exigiam, porém, a participação de vários setores das comunidades estabelecidas na América (RAMINELLI, 2008: 24).

E o autor continua:

> Em proporções bem modestas, os portugueses tornavam também visíveis os meios de integrar o Estado do Brasil a Castela, fornecendo a Felipe II registros indispensáveis para compor um mapa 'da riqueza e estranheza brasílicas'. Sem os recursos do poder central, os súditos não eram capazes de reunir conhecimentos com a mesma intensidade das *Relaciones Geográficas*. Os reis portugueses jamais projetaram uma intervenção dessa amplitude, nem mesmo financiaram equipes de artistas e cartógrafos para compor mapas do império [...]. Para Felipe II da Espanha, os mapas eram instrumentos de governo, vitais tanto para o comando do reino quanto para expandir seus tentáculos para muito além de seus horizontes (RAMINELLI, 2008: 25).

Raminelli desdobra sua análise nos feitos veiculados pela "escrita", assim como no envio a Madri de descrições redigidas por súditos portugueses em busca de retribuições em mercês, remetendo-se à "inovação" da estratégia filipina de governo à distância: a institucionalização do processo escrito enquanto expediente burocrático.

Na senda aberta pelos autores citados, não posso me furtar a algumas observações quanto ao que isso significou para: 1) a multiplicação de solicitações e provimentos para os ofícios menores, como os de escrivão, por exemplo, muitos deles providos em representantes das elites locais; 2) o "protagonismo" e a relativa autonomia do poder ou dos poderes locais, potencializados pela faculdade que detinham de se comunicar diretamente com o rei. O que gostaria de destacar aqui é que a capacidade dos súditos ultramarinos de se comunicarem com Lisboa ou Madri por intermédio das câmaras, e de se fazerem representar no centro da monarquia por meio de demandas e solicitações, constituiu-se, por um lado, em um dos elementos de integração das elites locais de além-mar à(s) dinâmica(s) da(s) monarquia(s), conferindo-lhes, por outro, relativa autonomia e protagonismo na gestão imperial. (BICALHO, 2003: 365-396). Paradoxalmente, a intensificação do poder real foi acompanhada por uma densificação do governo local.

O processo de territorialização da América portuguesa traduziu-se não apenas na criação de vilas e cidades. Incluiu igualmente a delimitação de novas circunscrições administrativas, uma vez que território e jurisdição se complementam. Uma destas novas circunscrições, a já mencionada Repartição do Sul, incluindo as capitanias de São Vicente e Espírito Santo, tendo como cabeça a cidade do Rio de Janeiro, foi criada entre 1608 e 1612, sob o governo de D. Francisco de Sousa. Salvador Correia de Sá, o velho, (sobrinho de Mem de Sá e avô de Salvador Correia de Sá e Benevides), que havia sido governador por duas vezes do Rio de Janeiro (1568-1571 e 1577-1598), foi nomeado, em 1614, governador das "capitanias de baixo" e dotado de amplos poderes e privilégios, com o objetivo de explorar potenciais jazidas de ouro e prata nos sertões adjacentes (BICALHO e LIMA, 2014: 15-16).[3]

Sistematizando e concluindo os argumentos desenvolvidos até aqui, não havia, em termos quer territoriais, quer político-administrativos, uma rígida hierarquização das jurisdições, poderes e competências entre os ofícios e oficiais régios. A superioridade

---

3   A Repartição Sul (ou do Sul) foi criada uma primeira vez na década de 70 do século XVI, ainda sob a égide dos Avis, no reinado de D. Sebastião, estendendo-se ao norte até o limite setentrional da capitania de Porto Seguro; e uma segunda vez sob o governo de D. Francisco de Sousa (1608-1612), compreendendo o Espírito Santo e as capitanias meridionais.

jurisdicional do governador-geral do Estado do Brasil não correspondia a uma subordinação hierárquica que pudesse se traduzir num governo uniforme de um território unificado, resultado de um poder único e centralizado. Ao contrário, um dos traços do governo dos Áustria foi o reforço da administração sinodal e jurisdicionalista, o que implicava na manutenção e, portanto, na intensificação dos conflitos de jurisdição. Mas era assim que, por meio da comunicação incentivada pela possibilidade de todos – súditos, funcionários régios e instituições – se dirigirem ao centro da monarquia para dirimir os conflitos, que o rei centralizava, ao fim e ao cabo, as decisões, reforçando seu poder e sua função de árbitro e provedor da justiça.

Segundo tempo:
O tempo de "ouro" de D. João V, o Magnífico

Recentes estudos têm defendido que, entre finais do século XVII e início do XVIII, o poder monárquico sofreu um lento, porém crescente processo de centralização. De acordo com Luís Ferrand de Almeida, "a política de fortalecimento do poder real no nosso país veio de muito longe, por um caminho complexo, com oscilações e vicissitudes várias, mas acabando por avançar decisivamente nos fins do século XVII. O governo de D. João V limitou-se a continuar, acentuando-a, esta já antiga evolução" (ALMEIDA, 1995: 183). Afirma ter sido este processo uma tendência geral na Europa, embora em Portugal, fatores específicos, tanto internos, quanto relacionados aos seus domínios ultramarinos, o tivessem influenciado. Destes últimos aponta a remessa, em doses maciças, do ouro do Brasil, o que possibilitou uma ação mais independente da Coroa nos planos financeiro e político.

Embora argumente que o "absolutismo" de D. João V não possuía uma base doutrinária oficial, analisa alguns de seus indícios, entre eles a não convocação das Cortes e o ostracismo do

Conselho do Estado, substituído por um círculo restrito de pessoas e juntas de composição variável, que passaram a aconselhar o rei. Menciona como figura de destaque nos primeiros anos de governo, o Secretário de Estado Diogo de Mendonça Corte Real. Já em fase mais adiantada do reinado joanino, outros indivíduos viriam a assumir tanta ou maior importância do que quaisquer dos Conselhos ou Tribunais. Era o caso do cardeal da Mota que, no dizer de D. Luís da Cunha foi, entre 1736 e 1747, uma espécie de primeiro-ministro; e ainda o padre Carbone, Frei Gaspar da Encarnação e Alexandre de Gusmão, secretário pessoal do monarca. Em 1736, após a morte de Diogo de Mendonça Corte Real, D. João V criou três novas Secretarias de Estado: a do Reino, a dos Negócios Estrangeiros e Guerra, e a da Marinha e Negócios Ultramarinos, que viriam a concentrar, mais eficazmente, as diferentes matérias até então consultadas nos conselhos. (ALMEIDA, 1995: 183-207; MONTEIRO, 2006: 28-56)

Outras instituições colaboraram para o surgimento de novas estratégias de governo e administração no período joanino, entre elas, a Academia Real de História, criada com patrocínio régio em 1720. Sobre ela, Iris Kantor argumenta ser "provável que, no âmbito das formações acadêmicas europeias, a instituição da Academia Real de História Portuguesa apresente-se como um modelo único em seu tempo ao inaugurar uma vertente de conhecimento erudito sobre a história ultramarina já na primeira metade do século XVIII" (KANTOR, 2005: 258).

Ao comentar os escritos do Padre Manoel Caetano de Sousa sobre os diferentes significados da palavra "território", a autora conclui que os debates na Academia evidenciavam a formação de uma nova percepção sobre a territorialidade peninsular e ultramarina, associada à ideia de soberania estatal. Dialogando com o estudo de João Carlos Garcia (2001) sobre as imagens cartográficas do Brasil ao longo do século XVIII, afirma que àquela época conformava-

-se uma uma visão de conjunto sobre a geografia e a história do reino e do ultramar. Esse processo combinava-se certamente com a ação dos engenheiros militares, correspondente ao tipo social do "matemático", ou do engenheiro-cartógrafo, racionalista e experimental, tão essencial nesse período de mudanças econômicas (não podemos nos esquecer do ouro não só das Gerais, como também de Cuiabá e dos Goyazes) e administrativas no império português (BUENO, 2011).Segundo Iris Kantor, "os historiadores da Academia Real transformaram-se em artífices de um novo discurso sobre o espaço imperial, renovando as concepções vigentes até então" (KANTOR, 2005: 276).

Dentre os vários aspectos relacionados às inflexões da política imperial ao longo do reinado de D. João V, podemos citar a formação de uma nova cultura do território. Lembremos que data precisamente de 1730 a chegada dos padres jesuítas matemáticos, Diogo Soares e Capassi, enviados ao Brasil com a missão de percorrer o litoral e os sertões, de São Paulo ao Maranhão, e desenharem mapas "muito individuais" das diferentes regiões (BICALHO, 1990: 73-85). Essa missão pode ser lida, e o é por André Ferrand de Almeida, como marco de todo um processo que redundaria nas negociações do Tratado de Madrid, em 1750 (ALMEIDA, 2001). Por fim, o século XVIII testemunhou, ao mesmo tempo em que se estendiam os territórios incorporados aos Estados do Brasil e do Grão-Pará, uma proliferação das comarcas e ouvidorias, assim como o número não só de ouvidores, mas também de juízes de fora – ambos oficiais régios – que presidiam as câmaras de algumas das mais importantes cidades e vilas da América portuguesa (BICALHO e ASSIS, 2016).

Simultaneamente, entre os anos 30 e 50 do século XVIII, um conjunto de cartas régias foi emitido pelo Conselho Ultramarino determinando a criação de novas vilas no Brasil.As duas primeiras cartas conhecidas datam de 1736. Em 11 de fevereiro emitiu-se carta para a criação de Vila Boa de Goiás (AHU_ACL_CU_008, Cx. 1, D. 26). Em 20 de outubro nova carta recomendava a criação da vila de Icó, no Ceará. Dez anos depois, em dezembro de 1746, uma consulta do Conselho Ultramarino versou sobre necessidade de se criar uma vila no Aracati de Jaguaribe, também no Ceará (JUCÁ NETO, 2012). Assinaram a consulta o acima mencionado Alexandre de Gusmão, Tomé Joaquim da Costa Corte Real e, ainda, Rafael Pires Pardinho. A carta referente a esta consulta foi emitida em 17 de julho de 1747, juntamente com outra para a criação de uma vila no Rio Grande de São Pedro, atual Rio Grande do Sul. Em 9 de agosto do mesmo ano, 1747, uma provisão régia determinava o transporte de casais açorianos para o Sul. Esta provisão também menciona os nomes de Rafael Pires Pardinho e Alexandre de Gusmão, e ambas se inserem na conjuntura específica que antecedeu a elaboração do Tratado de Madrid (ARAÚJO e BICALHO, 2016).

Alexandre de Gusmão e Tomé Joaquim da Costa Corte Real já foram aqui referidos. Porém, a personagem mais emblemática neste processo foi Rafael Pires Pardinho, magistrado nascido em Portugal, que exerceu sucessivamente os ofícios de Juiz de Fora nas vilas de Santiago do Cacém e Sines; Juiz Criminal em Lisboa; Ouvidor da comarca de São Paulo; Provedor dos defuntos e ausentes, capelas e resíduos na mesma capitania; Desembargador da Casa de Suplicação, em Lisboa; e Intendente do Distrito Diamantino, em Minas Gerais. Sua longa carreira a serviço de D. João V foi coroada em 1743, com sua nomeação como conselheiro do Conselho Ultramarino.

O que mais nos interessa aqui foi sua atuação como ouvidor de São Paulo entre 1717 e 1721, e como membro do Conselho Ultramarino. Como ouvidor vivia em constante movimento. Às voltas com correições, residências e devassas, Rafael Pires Pardinho, assim como a grande maioria dos ouvidores, tornou-se conhecedor por excelência do território e das populações sob sua jurisdição.

Entre os documentos mais significativos produzidos então por Pardinho estão os provimentos que fez durante a viagem de correição às vilas do sul da capitania entre 1720 e 1721.[4] Em cada uma das vilas pelas quais passou – Laguna, São Francisco do Sul, Desterro (hoje Florianópolis), Curitiba e Paranaguá – sua intervenção redundou na produção de extensas prescrições legislativas com vários trechos diretamente referentes à forma das vilas, à regulação da demarcação e concessão das terras em seu rossio, ao alinhamento das ruas e questões ligadas à estética urbana (ARAÚJO e BICALHO, 2016).

Não bastassem as normativas para as vilas de Laguna e Paranaguá, além das 124 minuciosas provisões destinadas à vila de Nossa Senhora da Luz dos Pinhais de Curitiba, passadas em correição a 4 de fevereiro de 1721, ao chegar a São Paulo, o ouvidor comunicou ao rei o importante descobrimento de ouro na região do Cuiabá (SANTOS, 2000). Preocupado com a eventual proximidade dos aldeamentos jesuíticos espanhóis na região, Pardinho recolheu todas as informações que pode e as enviou ao Conselho Ultramarino, juntamente com um mapa (AHU, Conselho Ultramarino, cod. 233, f. 165, *apud* FERREIRA, 2007).

Na sequência da recepção do mapa, em 24 de janeiro de 1720, foi emitida ordem régia determinando a formação de uma povoação na região, em que um dos objetivos era "embaraçar aos castelhanos e ocupar aquele distrito". Em 1723, quando o governador de São Paulo, Rodrigo César de Meneses, recebeu ordem para ir às minas de Cuiabá para estabelecer uma vila "em sítio que parecer mais acomodado", o nome de Pardinho foi expressamente citado pelo rei: "porque para a execução do referido é conveniente que leveis em vossa companhia um ministro de letras e experiências

---

4 Durante a realização das correições, residências e devassas esses magistrados régios percorriam o território, colhiam informações, puniam culpados, vistoriavam processos em andamento, fiscalizavam os procedimentos e o funcionamento das câmaras e de outras instituições, sobretudo locais.

com o qual vos podeis aconselhar, fui servido resolver que Rafael Pires Pardinho passasse convosco às sobreditas minas"(*Revista do Arquivo Público Municipal de São Paulo*, vol. 11, p. 101,*apud* LACERDA, 2000).

Porém, não seria Pardinho que acompanharia Rodrigo César de Meneses ao Mato Grosso quando da fundação da Vila Real de Bom Jesus do Cuiabá, e sim o ouvidor de Paranaguá, Antônio Alvarez Lanhas Peixoto. Lá chegando, em carta a D. João V de 3 de fevereiro de 1727, Lanhas Peixoto descreveu minuciosamente as monções, ou seja, os quase quatro meses de viagem desde que saíram de São Paulo por terra, o trajeto de canoa pelo rio Tietê até chegar ao rio Grande; dali ao Rio Pardo; mais um trecho por terra até o rio Camapoã e novamente em canoa pelos rios Coxim, Taquari, Paraguai, até atingir o Cuiabá (JESUS, 2011: 173-188; ARAÚJO, 2000: 67-98).

Quatro anos depois, a 25 de fevereiro de 1731, será a vez de o então ouvidor de Cuiabá, José de Burgos Vila Lobos escrever a D. João V sobre a viagem que fez às Minas e acerca de uma bandeira que partiu para Goiás, alertando ao rei da necessidade de criação de uma vila naqueles sertões. Lê-se em seu relato:

> Saindo do porto geral em 30 de julho cheguei a estas minas em 27 de janeiro próximo passado com muito trabalho, risco e perda de alguma fazenda, mas com bom sucesso passei os alojamentos do gentio Payaguá [...] Para os morros da parte dos Goyazes vai uma bandeira, [...] quando haja descobrimento na vizinhança daquelas minas concorrerão todos [e] será muito conveniente Vossa Majestade resolva se me pertence exercitar o meu cargo também naquelas minas, quando se comuniquem por descobrimentos, e se há de criar vila, e eleger justiças [...] (AHU_ACL_CU_010, Cx. 1, D. 46).

Com base nestas informações D. João V dispôs que o ouvidor geral da capitania de São Paulo passasse logo a visitar as minas dos Goyazes e que achando nelas "gente e povo suficiente" ali estabelecesse uma vila na forma que dispunham as Ordenações (AHU_ACL_CU_010, Cx. 1, D. 46). A provisão régia para a fundação da vila de Goiás é de 11 de fevereiro de 1736, cinco anos após a emissão do documento acima (AHU_ACL_CU_008, Cx. 1, D. 26).

Embora Rafael Pires Pardinho não tenha ido a Cuiabá ou a Goiás, sua experiência de ouvidor que percorreu o território em correição não foi desperdiçada. A primeira provisão de fundação em que aparece a sua assinatura, já como conselheiro do Conselho Ultramarino, é a que determinava a criação de uma nova vila no Mato Grosso, datada de 1746, três anos depois de ter sido nomeadopara o Conselho (AHU_ACL_CU_010, Cx. 3, D. 156). Em 1747 foi passada uma carta para a fundação de uma vila no Rio Grande de São Pedro, outra área bastante conhecida de Pardinho, para onde seriam remetidos, logo a seguir, os casais açorianos. Laguna, onde o ouvidor também tinha feito correição, esteve entre as primeiras vilas a receber os ilhéus, assim como a vila do Desterro, igualmente visitada por ele. Pardinho esteve ainda associado, em Minas Gerais, à carta régia de 2 de maio de 1746, confirmando o processo de elevação da vila de Nossa Senhora da Conceição do Ribeirão do Carmo à cidade de Mariana (FONSECA, 1998: 267-301). Sua assinatura aparece também em outra carta régia, datada de 30 de maio de 1753, dirigida ao ouvidor do Maranhão, Manuel Sarmento, determinando que fosse gerenciar o processo de criação de uma nova vila no rio Itapicuru (ARAÚJO, 2011).

Depois deste conjunto de cartas, houve uma segunda leva de criação de vilas. Porém ela já extrapola o período aqui analisado. Refere-se ao reinado de D. José I (1750-1777) e relaciona-se à política que decorreu da instituição do *Diretório dos Índios*, que consistiu, entre outras coisas, na elevação dos antigos aldeamentos missionários à condição de vilas. Mas esta é uma outra conjuntura e uma outra história, que não cabe desenvolver nos limites deste artigo (ALMEIDA, 1997; DOMINGUES, 2000; SAMPAIO, 2001; COELHO, 2006).

O que importa reter, para concluir, é que se a administração régia no Brasil conheceu, em conjunturas específicas, distintas estratégias legislativas e reformistas, a amplitude desses processos teve indubitavelmente sua gênese numa nova dinâmica espacial, que se traduziu na territorialização, tanto pelo litoral, quanto pelos sertões, da América portuguesa. A "institucionalização" do território e sua captura nas malhas do poder régio se fizeram, entre outras coisas, por meio da criação de vilas e cidades, além de novas circunscrições administrativas, como as comarcas e ouvidorias, as "Repartições" e os "Estados", uma vez que território e jurisdição se complementam.

Assim, para voltarmos aos argumentos com que iniciamos esta reflexão, podemos afirmar que território e jurisdição são duas faces de uma mesma moeda. O processo de territorialização por que passou a América portuguesa não foi sinônimo de homogeneização ou de integração territorial. As circunscrições territoriais criadas e recriadas, quer durante a União Ibérica, quer ao longo do reinado de D. João V, tiveram um profundo sentido político, na medida em que a separação e a delimitação de espaços de jurisdição operaram no sentido de redefinir esferas políticas, criando poderes mais autônomos, consubstanciados, sobretudo, nas vilas e cidades. No entanto, num aparente paradoxo, a expansão territorial e a reorganização do espaço americano, ao multiplicar as jurisdições e modificar os equilíbrios de poder, contribuíram para a afirmação da centralidade da Coroa. Poderíamos então concluir que o processo de centralização e a intensificação do poder real, se por um lado se prendeu à autonomização e à potencialização dos poderes locais, correspondeu, por outro, à constituição de um território submetido à administração da Coroa e de seus funcionários.

REFERÊNCIAS BIBLIOGRÁFICAS:

ALENCASTRO, Luiz Felipe de. *O Trato dos Viventes. A formação do Brasil no Atlântico Sul.* São Paulo: Companhia das Letras, 2000.

ALMEIDA, André Ferrand de. *A formação do espaço brasileiro e o projecto do Novo Atlas da América portuguesa (1713-1748).* Lisboa: Comissão Nacional para as Comemorações dos Descobrimentos Portugueses, 2001.

ALMEIDA, Luís Ferrand de. "O absolutismo de D. João V". In: *Páginas Dispersas. Estudos de História Moderna de Portugal.* Coimbra: Instituto de História Económica e Social / Faculdade de Letras da Universidade de Coimbra, 1995, p. 183-207.

ALMEIDA, Rita Heloísa de. *O Diretório dos Índios. Um projeto de 'civilização' no Brasil no século XVIII.* Brasília: Ed. da UnB, 1997.

ARAÚJO, Renata K. Malcher de. *A urbanização do Mato Grosso no século XVIII. Discurso e Método.* Lisboa: FCSH – UNL, 2000 (Tese de doutorado inédita).

ARAÚJO, Renata Malcher. "Ficam portugueses da mesma forma que todos os mais", comunicação apresentada no *VIII Colóquio Luso-Brasileiro de História da Arte.*Belém, 4 a 8 de abril de 2011 (Texto inédito).

ARAÚJO, Renata Malcher de e BICALHO, Maria Fernanda. "O Ouvidor como ladrilhador. O papel dos oficiais régios na urbanização do Brasil, século XVIII". In: BICALHO, Maria Fernanda e ASSIS, Virgínia Maria Almoêdo de (org.). *A Justiça no Brasil Colonial. Agentes, práticas e representações*, 2016 (no prelo).

BICALHO, Maria Fernanda. "Sertão de estrelas: a delimitação das latitudes e das fronteiras na América portuguesa". *Vária História*, nº 21, 1999, p. 73-85

BICALHO, Maria Fernanda. *A Cidade e o Império. O Rio de Janeiro no século XVIII*. Rio de Janeiro: Civilização Brasileira, 2003.

BICALHO, Maria Fernanda. "As tramas da política. Conselhos, secretários e juntas na administração da monarquia portuguesa e de seus domínios ultramarinos". In: FRAGOSO, João e GOUVÊA, Maria de Fátima (orgs.). *Na trama das redes. Política e negócios no império português, séculos XVI-XVIII*. Rio de Janeiro: Civilização Brasileira, 2010, p. 343-371.

BICALHO, Maria Fernanda e LIMA, Daiane Torres. "Governo, governadores e a construção da centralidade territorial e atlântica da cidade do Rio de Janeiro nos séculos XVII e XVIII". *Promontoria. Revista de História, Arqueologia e Património da Universidade do Algarve*, ano 11, nº 11, 2014, p. 11-31.

BICALHO, Maria Fernanda e ASSIS, Virgínia Maria Almoêdo de (org.). *A Justiça no Brasil Colonial. Agentes, práticas e representações*, 2016 (no prelo).

BUENO, Beatriz P. S. *Desenho e desígnio. O Brasil dos engenheiros militares (1500-1822)*. São Paulo: Ed. USP / FAPESP, 2011.

CAMARINHAS, Nuno. *Juízes e administração da justiça no Antigo Regime. Portugal e o império colonial*. Lisboa: Fundação Calouste Gulbenkian / FCT, 2010.

COELHO, Mauro Cezar. *Do sertão para o mar. Um estudo sobre a experiência portuguesa na América: o caso do Diretório dos Índios*. São Paulo: PPGHS-FFLCH-USP, 2006 (Tese de doutorado inédita)

COSENTINO, Francisco C. *Governadores Gerais do Estado do Brasil (séculos XVI-XVII). Ofício, regimentos, governação e trajetórias*. São Paulo / Belo Horizonte: Anablume /FAPEMIG, 2009.

COSENTINO, Francisco C. "Mundo português e mundo ibérico". In: FRAGOSO, João e GOUVÊA, Maria de Fátima (orgs.). *O Brasil Colonial, 1580-1720*, volume 2. Rio de Janeiro: Civilização Brasileira, 2014, p. 107-167.

CUNHA, Mafalda Soares da e NUNES, António Castro. "Territorialização e poder na América portuguesa: A criação de comarcas, séculos XVI-XVIII". *Revista Tempo*, vol. 22, nº 39, janeiro-abril 2016, p. 1-30.

DOMINGUES, Ângela. *Quando os índios eram vassalos. Colonização e relações de poder no Norte do Brasil na segunda metade do século XVIII*. Lisboa: CNPCDP, 2000.

FERREIRA, Mario Clemente. "Cartografar o sertão: a representação de Mato Grosso no século XVIII".*Anais do II Simpósio Luso-Brasileiro de Cartografia Histórica*. Lisboa: Instituto Geográfico Português, 2007, p. 1-20.

FONSECA, Cláudia Damasceno. "Do Arraial à Cidade: A Trajectória de Mariana no contexto do Urbanismo Colonial Português". In: CARITA, Helder e ARAÚJO, Renata (orgs.). *Colectânea de Estudos Universo Urbanístico Português 1415-1822*, Lisboa: CNCDP, 1998, p. 267-301.

GARCIA, João Carlos (org.), *A Nova Lusitânia: imagens cartográficas do Brasil nas coleções da Biblioteca Nacional (1700-1822)*, Lisboa, CNCDP, 2001.

GODINHO, Vitorino Magalhães. "Flutuações econômicas e devir estrutural". In: *Ensaios II. Sobre a História de Portugal*. 2ª ed. Lisboa: Livraria Sá da Costa Editora, 1978, p. 245-280.

HESPANHA, António Manuel. "O governo dos Áustria e a 'modernização' da constituição política portuguesa". *Penélope. Fazer e desfazer História*, nº 2, fevereiro de 1989, p. 50-73.

HESPANHA, António Manuel. *Às Vésperas do Leviathan. Instituições e Poder Político. Portugal. Século XVII*. Coimbra: Livraria Almedina, 1994.

JESUS, Nauk Maria de. "A administração da justiça; ouvidores e regentes na fronteira oeste da América portuguesa". In: GUEDES, Roberto (org.). *Dinâmica imperial no Antigo Regime português*. Rio de Janeiro: Mauad, 2011, p. 173-188.

JUCÁ NETO, Clóvis Ramiro.*Primórdios da urbanização do Ceará*. Fortaleza: Ed. UFC, 2011.

KANTOR, Íris. "A Academia Real de História Portuguesa e a defesa do patrimônio ultramarino: da paz de Westfália ao Tratado de Madri (1648-1750)". In: BICALHO, M. F. B. & FERLINI, V. L. do A. (orgs.). *Modos de Governar. Ideias e práticas políticas no império português. Séculos XVI a XIX*. São Paulo: Alameda Editorial, 2005, p. 257-276.

LACERDA, Arthur Virmond de. *As Ouvidorias do Brasil Colônia*. Curitiba: Juruá Editora, 2000.

MARQUES, Guida. *L'Invention du Brèsil entre deux Monarchies. Gouvernement et pratiques politiques de l'Amérique portugaise dans l'union ibérique (1580-1640)*. Paris: École des Hautes Études en Sciences Sociales, 2009 (Tese de doutorado inédita).

MELLO, Isabele de Matos Pereira de. *Poder, administração e justiça: Os ouvidores-gerais no Rio de Janeiro (1624-1696)*. Rio de Janeiro: Secretaria Municipal de Cultura, Arquivo Geral da Cidade do Rio de Janeiro, 2010.

MELLO, Isabele de Matos Pereira de. *Magistrados a serviço do Rei. Os ouvidores-gerais e a administração da justiça na comarca do Rio de Janeiro*. Rio de Janeiro: Arquivo Nacional, 2015.

MONTEIRO, Nuno Gonçalo. *D. José*. Lisboa: Círculo dos Leitores, 2006.

RAMINELLI, Ronald. "A escrita e a espada em busca de mercê". In: *Viagens Ultramarinas. Monarcas, vassalos e governo à distância*. São Paulo: Alameda, 2008, p. 17-60.

REIS FILHO, Nestor Goulart. *Contribuição ao estudo da evolução urbana no Brasil (1500-1720)*. São Paulo: Pioneira, 1968.

SAMPAIO, Patrícia Maria Melo. *Espelhos partidos. Etnia, Legislação e desigualdade na colônia. Sertões do Grão-Pará, c. 1755 – c. 1823*. Niterói: UFF, 2001 (Tese de doutorado inédita)

SANTOS, Antônio César de Almeida (org). "Provimentos do ouvidor Pardinho para Curitiba e Paranaguá (1721)". *Revista Monumenta*, vol. 3, nº 10, Inverno 2000, p. 27-80.

SCHAUB, Jean-Frédéric. *Le Portugal au temps du Comte-Duc d'Olivares (1621-1640). Le conflit de juridctions comme exercice de la politique*. Madrid: Casa de Velázquez, 2001.

SCHWARTZ, Stuart. *Burocracia e sociedade no Brasil colonial. O tribunal superior da Bahia e seus desembargadores (1609-1751)*. São Paulo: Companhia das Letras, 2011.

STELLA, Roseli Santaella. *Brasil durante el gobieno español (1590-1640)*. Madrid: Fundación Histórica Tavera, 2000.

Segunda Parte
Poder e Gênero

DE INÊS DE CASTRO A LEONOR TELES, PAPÉIS FEMININOS EM ANÁLISE NA PENÍNSULA IBÉRICA MEDIEVAL.

Fatima Regina Fernandes[1]

O estudo das aias na Corte régia portuguesa leva-nos a mergulhar num universo restrito, mas pleno de interações pessoais e familiares, onde observamos trajetórias de individualidades fortemente entrelaçadas entre si. As duas mulheres em análise tem comum o fato de exercerem a mesma função, aias de Infantas que convivem junto e mesmo na Corte regia portuguesa o que lhes proporciona condições de ascensão socio-politica de grande expressão. Ambas relacionam-se com os reis portugueses, ainda que em condições e com resultados distintos. Cabe a nós, assim, neste trabalho analisar as potencialidades e riscos implicados nestes papéis que acabam por desempenhar na tardo-medievalidade portuguesa a partir de uma metodologia prosopografica aplicada a documentação chancelar e as Crônicas de Fernão Lopes. Descortinaremos um perfil ativo de profunda transcendência política nos dois casos

---

[1] Doutora em História pela Universidade do Porto, Professora titular do Departamento e Programa de História da Universidade Federal do Paraná, pesquisadora PQ 2 do CNPq, Projeto Universal CNPq 2013 em parceria com Movilidad de Profesores Extranjeros en virtud de Convenios de Cooperación de la Universidad de Salamanca (USAL).

e buscaremos apontar o sentido e objetivos dos ecos e das representações de que serão objeto no século XVI.

DE INÊS DE CASTRO A LEONOR TELES, PAPÉIS FEMININOS EM ANÁLISE NA PENÍNSULA IBÉRICA MEDIEVAL

A *criatio* régia medieval tem origens muito antigas, mas constituía, na tardo-medievalidade uma categoria jurídica indefinida, uma prática que vai se impondo e ganhando contornos paulatinamente. Enquanto o *amádigo* seria a criação do Infante herdeiro na casa de nobres da confiança do rei, neste trabalho mostramos o caso de jovens das famílias nobres que criadas na casa de outros nobres serviriam junto à Corte régia, demonstrando um trânsito sócio-político desde a mais tenra infância destes protagonistas da condição de aias da Casa régia.

Em contrapartida ao benefício da criação estas jovens deveriam desenvolver algumas tarefas que se compunham de serviços adequados à sua condição e às habilidades adquiridas neste percurso. Jovens nobres de estratos menos privilegiados da nobreza, criadas junto a senhores de maior estirpe que a sua de origem cabendo a seus benfeitores a tarefa de introduzi-las nas altas esferas de poder e quanto maior a sua projeção, maiores as potencialidades das jovens.

Estas jovens que já tinham sido criadas fora de suas casas familiares em geral seriam envolvidas em outra mobilidade que chamaremos de funcional, a qual, em muitos casos, tornava-se definitiva. As relações políticas intrínsecas à figura das Infantas que concretizariam as alianças entre os reinos moveriam também estas mulheres que acompanhavam, nos bastidores, o desenrolar da política internacional e por vezes eram chamadas a testemunhar sobre casos de casamentos secretos, nascimentos e mortes dos filhos da nobreza e realeza, dentre muitos outros assuntos de interesse da cúpula do poder.

Tarefas que envolviam um alto grau de dedicação e que implicavam no desenvolvimento de habilidades específicas como o aprendizado de outras línguas e da ética que envolvia a formação destes jovens governantes. Interessa-nos destacar os condicionalismos que envolvem este tipo de serviço, no entanto, dedicaremos mais espaço à análise das potencialidades que se abrem às jovens que ingressam nesta condição de aias.

A nossa metodologia de pesquisa é de base prosopográfica, o que nos leva a considerar as trajetórias de representantes nobiliárquicas deste grupo funcional. Por tratar-se de individualidades que pertencem a contextos diferenciados, ainda que todas medievais e ibéricas devemos incluir na análise dados contextuais que permitam ao leitor localizar nosso recorte.

Iniciamos nosso estudo com Inês de Castro uma das figuras mais emblemáticas da tradição medieval portuguesa. Na verdade sua origem é castelhana, filha natural de Pero Fernández de Castro, castelhano criado em Portugal que, no entanto, acabaria por tornar-se um epígono de Afonso XI[2] (LOPES, 1965; PIEL e MATTOSO, 1980; TORAÑO, 1996 e RODRÍGUEZ AMAYA, 1949:190-2 e GARCIA ORO, 1981). Inês seria criada na Casa de outra individualidade da Corte de Afonso XI, João Afonso de Albuquerque, seu primo, de cuja mãe, Tereza Martins, era aia (LOPES, 1991:403 e MARQUÊS DE SÃO-PAYO,1977: 9-38).

Quando João Afonso de Albuquerque é incumbido da tarefa de conduzir a Infanta castelhana, Constança Manuel ao reino português, onde se casaria com o Infante Pedro, Inês de Castro segue

---

2 Na verdade, Pero Fernandez de Castro fôra criado em Portugal, pois seu pai revoltara-se contra o reiFernando IV, exilando-se, na sequência, em Portugal, juntamente com seu filho Pero Fernández na Corte portuguesa de Dinis. Pero Fernández será reabilitado em suas honras e haveres, reconhecido como descendente legítimo dos Castro em Castela por Afonso XI,sendo referido no cortejo da coroação deste rei. Adelantado-mor de Galiza, Pertiguero-mor de Santiago, mordomo da Corte e Adelantado mor de Andaluzia, prêmio pela luta no cerco de Gibraltar de 1333.

na comitiva já como aia da futura rainha de Portugal (JAVERRE, 1979: 157-8; LOURO, 1979: 14 e GOMES, 1995: 58;163).

Um trânsito que prevê uma ascensão para Inês de Castro que de aia de nobres passaria a aia de uma rainha. A sua deslocação poderia ser entendida como um transtorno aos olhos de hoje, mas implicaria na verdade numa ampliação enorme do horizonte de expectativas de uma jovem filha ilegítima da Casa dos Castro, do ramo de Castro Jerez (MOXÓ ORTIZ DE VILLAJOS,1969: p. 64).

De um modo geral, a transferência para uma Corte régia era sempre benéfica para a aia, pois dentre um vasto universo de jovens preparadas e disponíveis a seleção de Inês de Castro para acompanhar a Infanta na comitiva e na sua nova Corte era, já à partida um fator de promoção. As qualidades físicas certamente seriam um dos critérios e neste ponto, a acreditarmos nos cronistas, Inês de Castro ultrapassava em muito os requisitos mínimos exigidos, qualificações que com certeza facilitariam a sua ascensão no ambiente cortesão.

No que diz respeito à natureza das funções, seriam análogas às que já eram exercidas no seu reino de origem, ainda que houvesse maior rigor no cerimonial régio. De resto, deveria acompanhar e servir a futura rainha antes do casamento, garantindo seu bem estar e integridade física e moral. Ovençais de menor escalão, da própria Corte que acolhia a Infanta deveriam servi-la no que respeita à alimentação, mas era a aia que a auxiliava a se vestir, dormia no mesmo aposento, fazia-lhe companhia nas atividades lúdicas e nos passeios e deslocações. Tornava-se, em muitos casos, sua confidente e quando fosse chegado o momento acompanhava os partos e os primeiros cuidados dos Infantes recém-nascidos, assessorando as parteiras e amas.

A aia gravitava num ambiente pleno de potencialidades matrimoniais e o casamento era o principal objeto de contrapartida do exercício desta função, ainda quesua condição de residente da

Corte, não se alterasse mesmo depois de casada. Em muitos casos, a oportunidade que mais se oferecia era a de amante ou barregã de um nobre e mesmo do rei e seria este o caso de Inês de Castro.

A ironia contida na situação de ter acompanhado aquela que se tornaria esposa do Infante Pedro de Portugal e depois tornar-se sua amante, parece à primeira vista, fruto de uma armadilha do destino, no entanto, torna-se uma condição mais recorrente quando comparada com outros casos semelhantes. Assim, exercendo suas funções, esteve presente no casamento de Constança Manuel e Pedro em 1340 (JAVERRE, 1979: 14) e na época do nascimento de Fernando, único filho varão de sua senhora e sucessor da Coroa. Constança não tem uma data de morte consensual, as discussões apontam para 1345 ou 1349, tampouco podemos provar que houvesse um relacionamento entre a aia e o Infante, ainda em vida de Constança[3] (LOPES, 1965:199-200), no entanto, atribui-se o ano de 1352 ao nascimento do segundo filho de Inês e Pedro, visto que antes de 1352 já tinham tido um menino, Afonso que morrera na mais tenra criança. Não existem, no entanto, conclusões seguras quanto à data do início do relacionamento da aia com o Infante Pedro que geraria uma prole de três filhos que sobrevivem à sua mãe, João, Dinis e Beatriz de Castro[4] (ARNAUT, 1960: 71-4).

Esta relação seria publicamente tolerada e envolveria uma forte atração, na medida em que era uma relação espontânea ao contrário da união matrimonial oficial do Infante com sua esposa. No entanto, a conjuntura de instabilidade interna e externa dos reinos ibéricos, nesta primeira metade do século XIV, acabaria por refletir-se neste relacionamento. Os irmãos de Inês de Castro, Álvaro Peres de Castro, irmão de sangue e Fernando Peres de Castro, meio-irmão por parte de pai (FARIA, 1956: 84; FREIRE, 1921-30:

---

[3] Apesar do cronista Fernão Lopes que escreve meio século depois afirmar que o Infante Pedro enamora-se de Inês de Castro sendo ainda casado com Constança Manuel.

[4] João teria nascido em meados de 1352, Beatriz à volta de 1354 e Dinis em 1355.

67-70; MOXÓ ORTIZ DE VILLAJOS, 1969: p.64), envolvem-se em Castela, em 1353, numa revolta nobiliárquica liderada por João Afonso de Albuquerque contra o rei Pedro, o Cruel (LOPEZ DE AYALA,1994:2-12) .Usam a proximidade de Inês, ao Infante português, para tentar envolver Portugal no levante nobiliárquico castelhano. Álvaro Peres de Castro será encarregue de oferecer a Coroa de Castela ao então Infante português, Pedro, amante de sua irmã. Uma proposta gestada por Albuquerque e os Infantes bastardos de Afonso XI que o rei Afonso IV de Portugal não permite ao filho aceitar (TAROUCA, 1952-4 e RODRÍGUEZ AMAYA 1949:221).

Outro elemento decisivo neste jogo político seria a morte de João Afonso de Albuquerque em 1354 promovendo o esfacelamento da coalisão e a aproximação de Fernão Perez de Castro a Pedro, o Cruel com o casamento de Juana de Castro, irmã daquele, neste mesmo ano. A ascensão de uma Castro à Coroa castelhana em 1354, ainda que sem continuidade, assim como a morte do Albuquerque devem ter sido elementos contextuais decisivos para a decisão de Afonso IV de Portugal de evitar o enorme potencial de influência dos Castro nos assuntos internos portugueses, decidindo-se, então, pela eliminação de Inês de Castro, ocorrida em Coimbra, em janeiro de 1355[5] (LOPES, 1965 e ARNAUT, 1960:71).

A prolífera amante de seu filho, agora com a meia-irmã alçada à condição temporária de rainha em Castela, compunha uma infeliz receita de potencial ameaça à integridade física do Infante português legítimo, Fernando, com dez anos à altura, ameaça a ser contida especialmente quando ela já não podia dispor da proteção de seu patrono Albuquerque. Uma decisão dramática tomada pelo rei ancião Afonso IV considerando-se a esperada reação de seu filho, o Infante Pedro que revoltado levanta-se contra seu pai,

---

5   O mentor do assassinato teria sido Diogo Lopes Pacheco e os executores, Pero Coelho e Álvaro Gonçalves, temporariamente perdoados pelo Infante Pedro em vida de seu pai e depois justiçados, os dois últimos, quando da sua ascensão ao trono.

abandona a Corte e o seu próprio filho, Fernando[6]. No seguimento, queima cidades e somente sete meses depois se reconcilia com seu pai (ARNAUT, 1960: 71; JESUS, 1973-84)[7]. Com a morte de Afonso IV em 1357, Pedro I, ascende à condição de rei e mais tarde mandaria trasladar o corpo de Inês do mosteiro de Santa Clara de Coimbra, onde jazia, para o Mosteiro de Alcobaça, túmulo oficial da realeza portuguesa à época (LOPES: 1965:199-201).

Cinco anos depois deste trágico episódio, Pedro faz uma declaração oficial de que havia casado em segredo com Inês, a Declaração de Cantanhede, de junho de 1360, no entanto, é uma afirmação não confirmada por testemunhas[8] (LOPES, 1965:125-7; (ARNAUT, 1960:84-9 e LOPES, 1991:402-9). O que não impede que os Infantes bastardos fossem criados e instituídos na Corte régia juntamente com o sucessor legítimo, Infante Fernando[9] (JE-

---

6   Infante protegido por Diogo Lopes Pacheco que matara Inês a mando do rei Afonso IV para garantir a sucessão ao trono de seu neto legítimo, Fernando, mas também por Álvaro Gonçalves Pereira, Prior dos Hospitalários que se esforçaria por fazer reatarem pazes Afonso IV e o filho, Pedro. O Prior seria aindaresponsável por cumprir o testamento do rei português falecido em 1357 que garantia a instituição de Casa ao Infante herdeiro Fernando, mas também ao Infante bastardo João.

7   A 5 de agosto de 1355 assina pazes com seu pai, Afonso IV. Álvaro Gonçalves Pereira, Prior da Ordem militar do Hospital em Portugal teria impedido pessoalmente o Infante Pedro de invadir e saquear a cidade do Porto.

8   Ainda em 1361 Pedro encaminha ao Papa um pedido de reconhecimento da validade de seu casamento secreto com Inês de Castro do qual recebe resposta negativa. Nas Cortes de Coimbra de 1385 Diogo Lopes Pacheco nega a possibilidade desta união ter ocorrido devido ao fato de Inês de Castro e Diogo Lopes Pacheco terem batizado um filho do rei Pedro com Constança Manuel, Infante Luís que viria a falecer. Portanto, Inês e o rei seriam compadres, o que era impedimento dos mais graves para se contrair matrimônio.

9   Já no testamento de Afonso IV de 15 de fevereiro de 1355, ou seja, um mês após a morte de Inês, quando o Infante Pedro está em pleno levantamento, o rei institui seu neto ilegítimo, João de Castro, em vastos bens que incluíam um Condado, supostamente o de Barcelos, a conselho, mais uma vez, de Álvaro Gonçalves Pereira certamente numa tentativa de administração da concorrência do Infante bastardo frente ao Infante Fernando. No mesmo sentido que as concessões feitas ao Infante João, pelo pai, já rei, em maio de 1361, em nome e

SUS, 1973-84: 565-7 e ARNAUT,1960:75, 103-4) e ainda outro filho natural de Pedro, João, futuro Mestre da Ordem militar de Avis[10] (LOPES, 1965: 9; 66-7 e 195-8).

Os próprios termos da *Declaração de Cantanhede* de junho de 1360 recolhidos pelo cronista Fernão Lopes manifestam o temor de Pedro em confessar a seu pai o possível casamento secreto com Inês que teria ocorrido, segundo a referida declaração à volta de 1353 em Bragança[11] (LOPES, 1965:125-39 e 402-7). Durante as Cortes de Coimbra de março de 1385, serviria de testemunha ocular de fatos da vida particular de D. Pedro I, D. Fernando e Da. Leonor Teles, refletindo uma proximidade com a família régia que só os privados mais íntimos teriam (LOPES, 1990: 5 e LOPES,1991:397-409).

Outra trajetória que iremos analisar é a de Maria de Padilla, igualmente criada na Casa de João Afonso de Albuquerque, aia de sua mulher, Isabel de Menezes e não de sua mãe, como Inês de Castro. O cronista Pero Lopez de Ayala confirma que a intensa e duradoura relação que manteve com o Infante Pedro, o Cruel foi iniciada sob os auspícios do próprio Albuquerque (LOPEZ DE AYALA,1994:11-14 e LOPES, 1965:73). Mais tarde, o caminho dos dois, Infante e epígono, seguiria numa linha de hostilidade mútua, mas neste momento, certamente interessaria ao nobre, aproximar do Infante Pedro, alguém do seu círculo mais estreito de relações pessoais e confiança o que o

---

        a pedido de seu filho legítimo, Fernando e pouco antes, em 1359, os casamentos dos bastardos com as filhas naturais e únicas descendentes do rei Pedro, o Cruel de Castela. Em 1359, fruto dos acordos entre Pedro, o Cruel de Castela e Pedro I de Portugal contra Aragão, estabeleceu-se o casamento dos filhos das duas Casas. Beatriz casa com o Infante Fernando; Constança com João de Castro e Isabel com Dinis de Castro.

10   Nascido em Lisboa, em 11 de abril de 1357 e instituído Mestre da Ordem de Avis aos sete anos de idade.

11   Tal declaração foi feita quando seu pai já era falecido e Pedro reinante é bastante contestada em sua autenticidade, já na época do cronista e envolveria um esforço de validação de um fracassado processo de legitimação de seus filhos naturais com Inês junto à Santa Sé.

tornaria capaz de controlar indiretamente o futuro rei e quiçá tornar-se uma ferramenta das relações políticas.

Pedro, o Cruel teve quatro filhos naturais com Maria de Padilla, Afonso, que morre criança, Beatriz, Constança e Isabel (DIAZ MARTIN, 1987: 127-9)[12]. Pedro copiava o perfil de seu pai, Afonso XI criador de ampla prole de filhos naturais com Leonor de Guzmán[13] e aplicaria uma postura de humilhação às suas esposas, semelhante àquela que seu pai impusera toda a vida à mãe de Pedro, Maria de Portugal, preterida em função da preferência régia pela Guzmán[14] (LOPEZ DE AYALA, 1994:2-19). Pedro, também por razões políticas, assim procede com Branca de Bourbon, rainha desprezada[15] e com Joana de Castro, pretensa rainha em detrimento de Maria de Padilla. E quando da morte desta, em Sevilha, em julho de 1361, tal como Inês de Castro, seria jurada e reconhecida como rainha depois de morta. Pedro, o Cruel, faria ainda, tal e qual seu homônimo português, uma declaração oficial nas Cortes de Sevilha, de 1362, onde afirma ter sido casado com Maria de Padilla, obrigando, por isso, os nobres a reconhecerem o seu primogênito Afonso, como herdeiro legítimo do reino de Castela. Nesta mesma ocasião, o corpo de Maria de Padillaseria, tal como o de Inês, trasladado, neste caso do

---

12   Afonso, nascido em 1359, Beatriz, em 1353, Constança em 1354 e Isabel, em 1355. Pedro, o Cruel, além destes nomeados, teve outros filhos naturais.
13   Afonso XI tem comLeonor de Guzmán vasta prole que será devidamente estabelecida, Henrique, senhor de Trastâmara, usurpador da Coroa de seu irmão; Fradique, senhor de Haro e Mestre da Ordem Militar de Santiago, Telo e Sancho, Conde de Albuquerque.
14   A vingança de Maria viria logo após a morte de seu marido. Mais uma vez observamos a intervenção de João Afonso de Albuquerque, que em 1351, regente do reino, aconselha Pedro, o Cruel a transferir Leonor de Guzmán, de Sevilha, onde se encontrava presa desde 1350, após a morte de Afonso XI, para Talavera, cidade da rainha viúva, Maria, onde a Guzmán seria morta.
15   Branca de Bourbon, casada com Pedro, o Cruel e abandonada logo em seguida. Escapa de ser presa por Pedro em 1354, em Toledo, graças à intervenção dos citadinos e do Mestre Fradique, irmão de Henrique Trastâmara. Seria presa em 1359 e morta em 1361 por ordem de seu marido.

Convento de Santa Clara de Estudillo, onde jazia, para a capela dos reis em Santa Maria de Sevilha[16] (LOPEZ DE AYALA, 1994:2-10; DIAZ MARTIN,1987: 127; GARCÍA TORAÑO, 1996 :358-9; GUEDES, 1943:76 e FERNANDES, 2014:02-15).

Maria de Padilla, tal como Inês, veria sua prole estabelecida desde cedo, através de casamentos com a Casa régia inglesa, uniões que reforçavam as alianças políticas anglo-castelhanas.[17] Desempenhariam o papel de Infantes legítimos e quando as condições políticas os colocam em perigo de vida, Pedro, o Cruel os protegeria, tal como fizera em 1366 como filhos e continuadores de sua dinastia (LOPEZ DE AYALA, 1994:7-11). Assim, suas filhas alimentariam focos de concorrência à Coroa castelhana Trastâmara, mas, tal como os filhos de Inês, não passariam de opções secundárias na política de Castela e Portugal respectivamente.

Assim, como vimos João Afonso de Albuquerque ao morrer, em 1354, vencido em suas propostas de controle da Corte castelhana deixaria um legado de agentes femininas de forte influência junto aos reis português e castelhano. O nobre perdera o controle sobre suas ex-dependentes[18] (LOPEZ DE AYALA, 1994:2-15 e LOPES,1965 :75) e acabara vítima de sua ambição, enquanto estas jovens criadas em sua Casa teriam um destino semelhante, vítimas

---

16 Um ano depois da morte de Maria de Padilla, em outubro de 1362, morre, também em Sevilha, Afonso, seu primogênito varão. Pedro, o Cruel de Castela tentara fazer reconhecer suas filhas com Maria de Padilla nas Cortes de Sevilha, após a morte do Infante Afonso em 1362 e reconhece em 1363 nas Cortes de Bubierca suas filhas Constança e Isabel. Ambos projetos padeceriam do mesmo mal de fraca legitimidade e questionamento durante e para além de seus reinados.

17 Beatriz tinha sido casada, por palavras de presente, com o Infante Fernando de Portugal, mas tal união não se concretizou. Constança casaria com o Duque de Lancaster e Isabel com o Duque de York.

18 As quais, no entanto, não deixam de retribuir pela sua criação. Um caso sintomático é o de Maria de Padillaque avisa João Afonso de Albuquerque e Álvaro Peres de Castro de uma armadilha elaborada por Pedro, o Cruel para matar os dois nobres, o que lhes vale a salvação da vida.

do peso político que usufruíam e da proximidade sentimental ao seu respectivo Infante ou rei.

Dentro desta categoria de aias que transcendem suas funções e expectativas originais devemos ainda tratar de outra jovem, Leonor Teles, que ascende à categoria de rainha oficial, após o seu casamento com o rei Fernando de Portugal.

Até aqui, vimos dois exemplos de aias que se tornam a alternativa de uma relação espontânea dos reis frente às suas respectivas rainhas, como vimos Pedro I de Portugal e Pedro, o Cruel de Castela dispunham de uma esposa oficial. Esta condição torna mais frágil a segurança das amantes do rei, Leonor Teles neste quesito avança um degrau e apesar de odiada durante toda sua vida, não seria vítima de sua condição, casaria-se com um rei já entronizado em detrimento de seu anterior consórcio com João Lourenço da Cunha de quem tinha um filho[19] (LOPES,1966:154-5; LOPES, 1991:9; 183-4; 391-8; 411 e ANTT: l.. II, f. 45v-46 e ARNAUT,1960: 294).

Era filha de Martim Afonso Teles, do ramo dos Teles de Menezes, de cuja linhagem também saía o ramo dos Albuquerque (MATTOSO e PIEL, 1980; FARIA, 1956: 138 e FREIRE, 1921-30: 106) . Seu pai, casado em Portugal, deixa mulher e filhos e parte para Castela onde permanece ao lado da fragilizada rainha Maria, esposa de Afonso XI[20] (MATTOSO, 1993:484-6) de quem seria mordomo-mor e amante além de defendê-la da ira de seu filho, Pe-

---

19 Leonor Teles era já casada e tinha um filho que é deliberadamente afastado da Corte. A alegação para o descarte do marido seria a relação de compadrio. Seu filho chama-se Álvaro da Cunha e seu marido, João Lourenço da Cunha, senhor do morgado de Pombeiro, o qual após esta união foge para Castela e alia-se a Diogo Lopes Pacheco e Dinis de Castro, contrários ao casamento de Fernando e partidários pró-trastamaristas. Participaria de uma tentativa falhada de regicídio contra o rei Fernando a qual fica registrada no testamento régio de 1378. Nas Cortes de Coimbra de abril de 1385, questiona-se a validade deste casamento e os Cunha apoiariam os Castro na disputa pela sucessão de Fernando.

20 Também aqui podemos supôr a intervenção de João Afonso de Albuquerque encarregado de levar de Portugal a Castela a filha de Afonso IV de Portugal, Maria, sua prima, que seria esposa de Afonso XI. Ora, João Afonso de Albu-

dro, o Cruel, por quem seria assassinado[21] (LOPES, 1965: 76). Seus filhos em Portugal, Leonor Teles, dentre eles, seriam estabelecidos pelo tio, João Afonso Teles, Conde de Barcelos e Ourém.

Leonor Teles, jovem cuja beleza é realçada em muitos momentos pelo cronista Fernão Lopes que disto colheu muitos ecos (LOPES, 1966:171), torna-se, assim, por intervenção de seu tio, aia da Infanta Beatriz de Castro, a filha de Inês de Castro. Tem, assim, uma indicação de peso, pertence a uma linhagem importante e dispõe de atributos físicos.

Seria na Casa da Infanta Beatriz de Castro que Leonor Teles conheceria o jovem rei Fernando, já coroado, com anteriores casamentos propostos, mas não realizados e fortemente pressionado pelo contexto da Guerra dos Cem Anos, que o obrigava a tomar partido e assumir consequentes alianças matrimoniais.[22] O cronista Fernão Lopes aponta para uma possível relação incestuosa entre Fernando e sua meia-irmã, Beatriz de Castro (LOPES, 1966:153-5) o que justificaria sua presença constante na Casa da Infanta e um convívio indireto com Leonor Teles.

Muito se discute sobre a escolha de Fernando e principalmente a questão do por que da oficialização de uma relação que poderia continuar extraoficial. Neste sentido, a explicação nos parece ultrapassar a mera influência de João Afonso Teles junto ao rei[23] (LOPES, 1966:154-5) e passaria pela aposta numa política pendular que aproximaria Portugal ora do eixo franco-castelhano, ora do eixo anglo-imperial. Diante disto, Fernando resolve-se pela

---

querque e Martim Afonso Teles são primos e este último deve ter sido destacado para acompanhar a comitiva por intervenção de seu primo.

21   Tal violência gera o retorno da rainha Maria a Portugal.
22   O rei Fernando fora casado por palavras de presente à volta de 1359, com Beatriz, filha de Pedro, o Cruel; em 1370 com a Infanta Leonor de Aragão e em 1371 com outra Leonor, filha de Henrique Trastâmara.
23   Neste caso, a irmã de Leonor Teles exerceu verdadeiramente o papel de alcoviteira da irmã, tratando em segredo com o rei Fernando a melhor forma de concretizar os desejos régios.

aia Leonor Teles, realizando um casamento quase secreto[24] (LOPES,1966:161- 173).

Assim observamos que a promoção a uma condição oficial de aia a rainha, não passa apenas pela vontade do rei, mas também pelas opções político-diplomáticas que este rei pretende adotar. No caso de Fernando, escolher Leonor Teles era manter uma autonomia frente aos blocos beligerantes e suas correspondentes alianças matrimoniais. Pedro I de Portugal não sofrera semelhante dilema, além disso, já tinha sido casado, tinha herdeiro legítimo, já cumprira sua missão de estabelecer aliança, no caso, com os Manuéis de Castela, não precisava casar-se de novo. Pedro, o Cruel, é, tal como Fernando, pressionado para fazer aliança, no caso, com os Bourbon, já conhecia Maria de Padilla e já tinha filhos com ela, mas não é suficientemente forte para fazer frente ao Albuquerque, acede, para em seguida repudiar a sua mulher, no entanto, tal situação mantém Maria de Padilla na sua condição original de *barregã*. Já Fernando era cobrado na sua potencialidade de aliança política e matrimonial, mas é o senhor de seu reino e faz sua própria opção e Leonor Teles fica, assim, ao abrigo da oficialidade de sua função de rainha, representante indireta, mas oficial dos interesses da Coroa enquanto Inês e Maria de Padilla representam, com seus descendentes, focos de concorrência à Corte régia.

Tal escolha geraria uma onda de desagrado, inclusive popular, mas Leonor Teles dispunha de instrumentos oficiais de repressão e os utiliza constantemente durante toda sua vida. Elimina opositores[25] ou concorrentes à sua posição de rainha e à sucessão de sua descendência e promove um grande círculo de apoiantes e fiéis (LOPES, 1966: 163-4;172).

---

24   O rei aceita ouvir a opinião do povo sobre seu casamento e acerta uma reunião para o alpendre do mosteiro de São Domingos em Lisboa, ao qual não comparece, certo da hostilidade popular manifesta na figura do alfaiate Fernão Vasques.

25   Os cabecilhas populares são mandados prender e decepar.

No entanto, a única descendente legítima que Leonor Teles dá ao reino é sua filha, Beatriz. Ao longo de sua vida, a rainha, consciente da fragilidade desta condição, eliminaria conscientemente os concorrentes à sucessão da mesma[26] (LOPES, 1966: 276-7; 281-6; 386-7 e 391-400).

Leonor Teles teria protagonismo até o adultério público mantendo uma relação com João Fernandes Andeiro[27] nobre galego, *ex-emperegilado* que refugiara-se em Portugal entre 1369 e 1373, quando seria degredado por força da cláusula do Tratado de Santarém (LOPES,1966:89-90; 415-6; 217; ANTT: l. I, f. 43v e RUSSELL, 1940: 23-5).

O Andeiro fora companheiro de Fernando Peres de Castro o meio-irmão de Inês de Castro e o acompanharia no degredo à Corte inglesa (FERNANDES, 2000: 101-115). Em 1380 voltaria ao reino português em funções e aí permaneceria até 1383[28], mas, ao longo destes três anos o escândalo de sua relação com a rainha Leonor Teles[29] (LOPES, 1966: 373-4) abalaria definitivamente a frágil

---

26 Em 1379 promove uma armadilha contra sua própria irmã, Maria Teles, de maneira a fazer com que seu marido, Infante João de Castro a assassinasse acusada de adultério. Com isso consegue afastar definitivamente o Infante do reino português e a sua ameaça à sucessão de sua filha, Beatriz ao trono português. Mais tarde, em 1382, Leonor Teles tenta eliminar seu cunhado, Mestre de Avis e um nobre de nome Gonçalo Vasques de Azevedo, que desconfiavam da fidelidade da rainha a seu rei. Caso funcionasse, Leonor Teles teria eliminado mais um concorrente à sucessão de sua filha, o meio-irmão de seu marido, Mestre de Avis.

27 Leonor Teles tinha, como sabemos o filho Álvaro da Cunha, criado por uma ama, longe de sua mãe e teve pelo menos mais dois, Pedro e Afonso. Em julho de 1382, quando o rei Fernando já se encontrava muito mal de saúde, Leonor tem um destes filhos que se dizia ser de seu amante, o Conde João Fernandes Andeiro. A criança morre aos quatro dias, segundo Fernão Lopes, asfixiado no colo da ama pelo próprio rei para esconder sua vergonha. Caso o rei Fernando acreditasse ser seu filho não procederia desta maneira, na medida em que esta criança seria um elemento estabilizador da sua sucessão no reino.

28 Em dezembro de 1381 é investido Conde de Ourém, substituindo o recém--falecido tio da rainha.

29 Um escândalo calado com ameaças físicas como aquelas a que são submetidos Gonçalo Vasques de Azevedo e o Mestre de Avis e também com largas concessões. Em 1382, a mulher de João Fernandes Andeiro, antes deliberadamente

saúde do rei Fernando e alimentaria ódios que gerariam a morte do rei[30] (LOPES, 1991:1-14; 16-22 e 33) em outubro de 1383 e a de Andeiro, em dezembro deste mesmo ano.

Ao contrário das outras individualidades anteriormente analisadas sobreviveria a seu benfeitor e marido esozinha, Leonor Teles buscaria auxílio junto a seu genro, Juan I Trastâmara, especialmente após os episódios de dezembrode 1383 quando a turba lisboeta, manobrada por Álvaro Paes, alça o meio-irmão de Fernando, João, Mestre de Avis, como seu sucessor[31]. Apoio que custaria à rainha, o afastamento do trono, prisão temporária e degredo em Castela, onde Leonor Teles morreria em abril de 1386[32] (LOPES, 1991:22-45; 125; 159-62).

Enquanto aia, sua ascensão fora comum à trajetória provável de sua função, mas enquanto rainha construiria uma trajetória de promoção de alianças e vínculos e eliminação de opositores, digna de qualquer filha da realeza. Leonor Teles consegue adaptar-se per-

---

       mantida na sede do Condado de Ourém é trazida à Corte e amplamente beneficiada pela rainha.

30   João Fernandes Andeiro escapara, em vida de várias tentativas de assassinato promovidas pelo rei Fernando. Em alguns casos escapa por sorte, outros por contar com fiéis que o protegiam, mas principalmente devido à proteção da rainha Leonor Teles. Após a morte do rei, o irmão de Leonor Teles, João Afonso Teles e o irmão de Fernando, João, Mestre de Avis, tomam como missão lavarem a honra do rei defunto e promovem o assassinato do Andeiro. Devido à suas condições estariam mais imunes que qualquer outro às consequências da ira da rainha, assim, segundo o plano idealizado por Alvaro Paes, chanceler-mor do reino, os dois nobres citados e Rui Pereira, fazem uma emboscada no dia 6 de dezembro nos próprios Paços da rainha em Lisboa quando Andeiro é morto e será sepultado às escondidasna Igreja de São Martinho da mesma cidade.

31   As ameaças de Leonor Teles após o assassinato de seu amante geram um temor suficiente para levar o Mestre de Avis a pensar em exilar-se no reino inglês.

32   Em janeiro de 1384 quando seu genro e filha já estão no reino, Leonor Teles é retida no mosteiro de São Domingos, guardada por duzentas lanças, protegida dos apoiantes de Avis e mantida à distância das pretensões do próprio Juan I de Trastâmara no reino português. Pouco depois Leonor Teles promove uma tentativa falhada de assassinato de seu genro pelo que é condenada a viver recolhida e guardada no mosteiro de Tordesilhas.

feitamente à sua função régia e conserva, por isso, sua vida, num contexto instável e ameaçador que se abre especialmente com a crise dinástica gerada pela morte de seu marido.

O estudo das aias manifesta, ainda, uma mobilidade nobiliárquica de raiz pautada ainda em uma dinâmica de extraterritorialidade típica da nobreza tradicional, mas, neste caso, de motivação funcional. De aias a rainhas, senhoras de um capital político invejável, dispondo de protagonismo equivalente às suas capacidades de negociação e de construção de apoios internos e externos nos seus reinos de estabelecimento e de origem.

A título de conclusão, podemos refletir que a condição de aia da Casa régia levava a uma hierarquia de potenciais papéis sócio-políticos de considerável expressão; casamento com um nobre mais destacado que o da sua linhagem, *barregã* régia ou mesmo rainha, caminhos de ascensão sócio-políticana Corte. Percebe-se também que as Cortes régias peninsulares, na baixa Idade Média, aglutinavam, cada vez mais, as expectativas dos seus vassalos e representavam o grande espaço de referência de poder dos reinos. E os reis, por sua vez, constituem a maior fonte de concessões de bens, benefícios e meios de estabelecimento da sociedade política como um todo.

Assim, as aias dependiam de boas referências para progredir e o auge desta progressão seria fazer parte da Corte dos reis, onde poderiam chegar a exercer o papel político de uma rainha ou amante de um rei, com todos os benefícios e riscos que isto envolvia. Daí que as vinculações pessoais e linhagísticas conduzissem estas trajetórias das aias, desde o destino de criação até à seleção para compor comitivas na Corte régia. A contrapartida seria o benefício do criador e a geração de uma teia de fidelidades que fortaleceria as estruturas familiares geradoras de novas potenciais aias régias, amantes ou mesmo rainhas.

Assim, pensamos ter demonstrado que o estudo das aias nos levou a mergulhar num universo restrito, mas pleno de interações pessoais e familiares, onde tratamos trajetórias de individualidades fortemente entrelaçadas entre si. Neste sentido é flagrante a constância das referências a João Afonso de Albuquerque e mais uma vez confirma-se o enorme potencial de ação desta figura excepcional, tanto em Castela, como em Portugal, no entanto, sob a ótica deste trabalho percebemos suas estratégias indiretas de controle e influência dos círculos de poder cortesãos.

Observe-se ainda outros aspectos intrínsecos ao grupo elencado como o fato de serem de uma condição sócio-política mediana, em alguns casos legitimadas e cuja criação foi determinante para o sucesso do estabelecimento em suas vidas. Mantêm vínculos e obrigações com Albuquerque, seria através de Inês que o trono castelhano seria oferecido a seu amante, Pedro já Maria de Padilla salvaria a vida de Albuquerque uma vez, avisando-o das intenções de Pedro, o Cruel. Leonor Teles desde que seu tio João Afonso Teles a coloca na Casa da Infanta Castro meia-irmã de Fernando demonstraria ser seu grande apoio na construção de suas pretensões políticas. Importantes epígonos ibéricos, promovendo o estabelecimento daquelas a quem ofereciam a criação em funções de influência nas monarquias lusa e castelhana. As suas atribuições seriam, nos casos analisados em muito ultrapassadas e o diferencial de sua sobrevivência passaria ainda pela força de seus apoiantes. A morte de Albuquerque enfraqueceria a posição de Inês e no caso de Leonor Teles, seu tio, longevo e perene no poder serviria de sustentáculo em inúmeros momentos de instabilidade e oposição à sua ascensão e manutenção junto ao rei português.

No que diferem? A força destas mulheres estava naquilo que elas representavam, a potencial influência de uma autoridade estrangeira no reino de instalação, no entanto, seriam questionadas por fontes distintas. Inês era temida pela Corte portuguesa, por sua potencial influência castelhana representada pela proximidade de seu irmão à facção de Albuquerque. Deixaria, no entanto, três filhos, Infantes Castro, que após a morte do rei constituiriam importante cabedal de oposição ao Mestre de Avis, na sucessão régia.

Já Leonor Teles é questionada pela *arraia-miúda* de Lisboa e das municipalidades em geral à qual responde com enorme violência. Na Corte os filhos da falecida Inês de Castro seriam fonte de hostilidade por medo da concorrência de projeção em relação aos Teles. Leonor eficientemente eliminaria todos seus opositores mesmo da Corte através de estratégias várias que iriam desde tentativas de assassinato até densas tramas que redundariam na expulsão dos mesmos do reino português. Seu ponto fraco, a ausência de prole varonil que garantiria a manutenção de sua facção no poder.

As duas individualidades diferem ainda, nas representações que delas se fazem posteriormente. Leonor Teles, na voz de Fernão Lopes, seria apresentada às gerações futuras como a "aleivosa" ou "lavradora de Vênus" (LOPES, 1966:176) a causadora de todos os males e da quebra dinástica de Borgonha. Já Inês de Castro, vítima inocente que teria sido desenterrada e colocada no trono, onde os nobres seriam obrigados a realizar o beija-mão da rainha defunta. Uma alusão romanceada à transladação de seus restos mortais para junto de seu amado Pedro quando este morre em 1367 conforme seu desejo testamentário, colocados um defronte ao outro junto ao altar-mor do Mosteiro de Alcobaça para que no dia do Juízo Final pudessem levantar-se e se reverem mutuamente no primeiro momento de sua ressurreição.

Autores do século XVI imprimiriam uma dimensão lírica e épica ao episódio do assassinato de Inês de Castro que não encontra eco nas fontes coevas do século XIV, num contexto em que a monarquia portuguesa patrocinava a elaboração de seus símbolos de identidade lusa, nacional e que a União Ibérica tentaria esmaecer sem sucesso, visto que seriam reforçados após a Restauração de 1640 sob o patrocínio dos Bragança[33].

REFERÊNCIAS BIBLIOGRÁFICAS
FONTES

AN/TT (Arquivos Nacionais/ Torre do Tombo), *Chancelaria de D. Fernando*.

CAMÕES, Luis Vaz de. *Os Lusiadas*, ed. Hennio Morgan BIRCHAL, Landy Editora, 2005.

Crónica dos Sete Primeiros Reis de Portugal, ed. Carlos da Silva TAROUCA, Lisboa: Academia Portuguesa de História, 1952-4, 3 vols.

Gran Cronica de Alfonso XI, ed. Diego CATALÁN. Madrid: Editorial Gredos, 1977, 2 vols.

Livro de Linhagens do Século XVI, ed. A. Machado de FARIA, Lisboa: Academia Portuguesa de História, 1956.

LOPES, Fernão. *Crónica de D. Fernando*, ed. Salvador Dias ARNAUT, Porto: Civilização, 1966.

LOPES, Fernão. *Crónica de D. Joãoi*, 1ª p., introdução Humberto Baquero MORENO e prefácio de António SÉRGIO, Barcelos-Porto: Civilização, 1991.

LOPES, Fernão. *Crónica de D. Pedro I*, ed. D. PERES, Porto: Civilização. 1965.

LOPEZ DE AYALA P. *Crónica del Rey Don Pedro y del Rey Don Henrique, su hermano, hijos del rey don Alfonso Onceno*, ed. De German ORDUNA, Buenos Aires: SECRIT, 1994, 2 vols.

PINA, Rui de. *Chronica de el rey Dom Afonso o quarto do nome: e setimo dos reys de Portugal*. Porto: Lello & Irmão Editores, 1977.

---

33 Garcia de Resende em seu *Cancioneiro Geral, publicado em 1516, assim como Rui de Pina, Cronica de D. Afonso IV (+ 1522) e Luiz Vaz de Camões em Os Lusíadas (publicado em 1572) sob o patrocínio do jovem rei D. Sebastião, que contém o "Episódio de Dona Inês de Castro", canto III, vol. 118 a 135.*

Portugaliae Monumenta Historica..., Nova Série, Livros Velhos de Linhagens, ed. Joseph PIEL e José MATTOSO, Lisboa: Academia das Ciências de Lisboa, 1980, vol. I.

Presidência do Conselho de Ministros, Secretaria de Estado da Cultura, 1979.

RESENDE, Garcia de. *Cancioneiro Geral*. Venda Nova/Amadora: Instituto de Cultura Portuguesa,19719, vol. 31.

BIBLIOGRAFIA:

ARNAUT, S. Dias, *A criseNacional dos Fins do Século XIV: A Sucessão de D. Fernando*, Coimbra: Instituto de Estudos Históricos Dr. António de Vasconcelos, 1960, 2ª p.

DIAZ MARTIN, L.V. *Los oficiales de Pedro Ide Castilla*, 2ªed. , Valladolid: Secretariado de Publicaciones da Universidad de Valladolid, 1987.

FERNANDES, F.R. Usurpações, casamentos régios, exílios e confiscos, as agruras de um nobre português no século XIV. *Rev. História Helikon*, Curitiba, PUCPR, 2(2014):02-15.

FERNANDES, F. R. Os exilados castelhanos no reinado de Fernando I de Portugal: circunstâncias sócio-políticas, in: *En la España Medieval*, Madrid: Universidad Complutense de Madrid, 23 (2000):101-115.

FREIRE, A. B. *Os Brasões da Sala de Sintra*, Coimbra: Imprensa da Universidade, 1921-30, 3 vols.

GARCIA ORO,J. *La NoblezaGallega en Ia Baja Edad Media*, Santiago de Compostela : Bibliofilos Gallegos –Biblioteca de Galicia, XX, 1981.

GARCÍA TORAÑO, P. *El Rey Don Pedro el Cruel y su mundo*. Madrid: Marcial Pons, 1996.

GOMES, R. C. *A Corte dos reis de Portugal no final da Idade Média*, Lisboa: DIFEL 1995.

GUEDES, Armando Marques. *A aliança inglesa* (notas de História Diplomática) 1383-1943. Lisboa: Editorial Enciclopédia ltda, 1943.

História de Portugal: A Monarquia Feudal (1096-1480), org. José MATTOSO, Lisboa: Círculo de Leitores, vol. 2.

JAVERRE, Á. Constança, in: *Dicionário de História de Portugal*, dir. Joel SERRÃO, 2ªed., Porto: Figueirinhas, 1979, vol. II, p. 157-8.

JESUS, Fr. Raphael de eSANTOS, Fr. Manoel dos.*Monarquia Lusitana*, ed. A. da Silva REGO, A. Dias FARINHA e Eduardo dos SANTOS, 3 ª ed., Lisboa: Imprensa Nacional- Casa da Moeda, 1988, t. VII e VIII.

LOURO, M. L. E. Castro, D. Inês Pires de, in: *Dicionário de História de Portugal*, dir. Joel SERRÃO, 2ªed., Porto: Figueirinhas, 1979, vol. II, p. 14.

MARQUÊS DE SÃO-PAYO. Um português do século XIV que durante anos governou Castela- João Afonso de Albuquerque e de como ganhamos e perdemos a vila de Albuquerque, in: *Anais da Academia Portuguesa de História*, Lisboa, II série, 24(1977): 9-38.

MOXÓ ORTIZ DE VILLAJOS, S. de. De la nobleza vieja a la nobleza nueva, in: *Cuadernos de História* (anexos da Revista Hispânia), Madrid: Instituto Jerónimo Zurita, 3 (1969).

RODRÍGUEZ AMAYA, E. Don Juan Alfonso de Albuquerque, Canciller de D. Pedro el Cruel. In: *Revista de Estudios Extremeños*, V (1949):190-2.

RUSSELL, P.E. João Fernandes Andeiro at the Court of John of Lancaster: 1371-1381, in: *Revista da Universidade de Coimbra*, Coimbra : Faculdade de Letras da Universidade de Coimbra, XIV (1940):23-5.

SOUSA, António Caetano de. *História Genealógica da Casa Real Portuguesa*. Coimbra: Atlântida, 1946, t. I.

TORAÑO, P. G. *El Rey Don Pedro el Cruel y su Mundo*, Madrid: Marcial Pons, Ed. Jurídicas y Sociales, 1996.

COMO INCLUIR AS VICE-RAINHAS NO ESTUDO DA CORTE MEXICANA? PROBLEMAS METODOLÓGICOS DE GÊNERO

Alberto Baena Zapatero[1]
Carla Andreia Martins Torres[2]

O ESQUECIMENTO DAS MULHERES

A ideologia patriarcal do Antigo Regime tratava de impor uma divisão de espaços e funções entre gêneros, baseando-se no pressuposto da superioridade masculina. Nesse sentido, se reservaria aos homens a esfera pública e todas as suas atividades, como a política, a guerra ou o trabalho extra-doméstico. Enquanto isso, as mulheres ficariam circunscritas ao mundo privado do lar, com a responsabilidade de cuidar da casa e dos filhos. Este modelo social era legitimado pela Igreja e sancionado pelo Estado mas, ainda assim, abundaram as exceções à norma instituída.

Na América, superado o período instável da conquista, se adoptou um padrão de colonização que tratou de instituir o modo de vida europeu nesses territórios. Isso incluiu a perpetuação dos ideias teóricos relacionados com o sistema patriarcal, que acom-

---

[1] Professor da graduação epós- graduação em História na Universidade Federal de Goiás (UFG).
[2] Pesquisadora do CHAM (Universidade Nova de Lisboa e dos Açores).

panharam e deram consistência ao processo de consolidação das novas sociedades coloniais (GRUZINSKI, 2001: 93-110).

De facto, este sistema binário, parece integrar-se numa tendência mais ampla que concebeu a organização dos espaços e das pessoas em função de oposições e afinidades claramente demarcadas e aparentemente desconectadas. Ela manifestou-se nas opções administrativas desses espaços recentemente incorporados à Coroa, estabelecendo-se uma forte divisão entre o campo e a cidade para representar universos sociais e cognitivos diferenciados. Desse modo, as leis de Índias confinavam os indígenas aos "pueblos de indios" e os europeus aos centros urbanos, onde deveriam viver de acordo às pautas do mundo civilizado, em oposição ao selvagem.

Durante esses primeiros anos, a infração aos planos pré-definidos foi sempre mal vista, e inclusive punida, mas por trás de tais modelos teóricos existiu sempre uma realidade bastante complexa que escapou ao rígido controle legal e naturalizou certas situações consideradas inapropriadas. Foi comum que os indígenas trabalhassem e vivessem nas cidades, somando-se a uma população que, com o passar do tempo, incluía elementos de matriz cultural cada vez mais diversa e que acabaram por se submeter também ao paradigma patriarcal ocidental. Do mesmo modo, e tal como sucedia na Europa, a sua aplicação resultou impraticável uma vez que se requereu permanentemente a presença feminina fora do lar. Tanto as mulheres pobres como as ricas saíam ao espaço público com regularidade para exercer diferentes atividades e o incumprimento das regras só foi castigado nos casos em que a sua conduta se considerou imoral ou perigosa para a manutenção da harmonia do Reino.

Curiosamente, até aos anos 70 do sécúlo XX uma grande parte da produção historiográfica assumia como real essa separação rígida dos espaços e funções que pregoava a teoria, excluindo as mulheres do estudo de todos os aspectos da sociedade que estivessem relacionados com o âmbito público. A investigadora da

Escola Nova Francesa de Estudos Sociais, Michelle Perrot, lamentava então que o silenciamento das mulheres fosse mais profundo precisamente nas formas de relato da história, destacando que "para existir há que ser piedosa ou escandalosa." (PERROT, 2009: 20). Esta situação manteve-se também nas opções de investigação e nas interpretações sobre o contexto colonial espanhol. Steve Stern denunciou que nesses trabalhos elas foram relegadas "a um papel de símbolos e arquétipos femininos estereotipados nos margens da análise, em vez de examiná-las como participantes sociais, complexas e importantes, dignas de uma análise centrada nelas mesmas." (STERN, 1999: 40).

No que concerne especificamente à Nova Espanha, esta tendência foi mudando desde a década de 80 do século passado. Os trabalhos pioneiros de Josefina Muriel, Asunción Lavrín, Rosalva Loreto, Mabel Moraña, Pilar Gonzalbo, Daisy Ripodas, Solange Alberro, ou Patricia Seed, entre outros, resgataram as mulheres do esquecimento. Na sua maioria, as autoras ocuparam-se do mundo privado e religioso, sem reivindicar a sua participação pública, mas as discussões sobre o conceito de cultura e poder na Idade Moderna concederam uma relevância particular às histórias da vida quotidiana. Estas dimensões de intervenção passaram a interpretar-se desde uma perspectiva mais ampla, que conferiu visibilidade às mulheres em outros circuitos. Ainda assim, a informação gerada por esses trabalhos não se equipara àquela que se acumulou ao longo de vários anos sobre o seu papel na economia doméstica, na educação dos seus filhos, ou na religiosidade monacal, produzida pela primeira historiografia sobre o tema.

É importante recordar que a incorporação das mulheres ao estudo do âmbito extra-doméstico por parte do historiador enfrenta vários problemas metodológicos. O primeiro prende-se com a natureza das fontes. De maneira geral, são raros os documentos gerados diretamente por mulheres, uma vez que muitas delas não eram alfabetizadas e as que aprendiam a escrever costumavam fazê-lo essencialmente sobre aspectos íntimos ou imaginários, como novelas. Ainda assim, muitos desses testemunhos não se conservaram até aos dias de hoje, destruídos pelo pudor da própria autora ao final da sua vida ou pelas suas famílias, que não apreciavam o seu valor (PERROT, 2009: 26). Por isso a maioria dos textos históricos que os investigadores utilizam nas suas pesquisas foram produzidos por homens o que remete então para um problema de análise das fontes. Elas refletem apenas a percepção deles e portanto devem entender-se apenas como registo parcial dos acontecimentos, condicionado pela experiência social masculina, e não podem dar passo a generalizações. Por outro lado, com frequência, as formas de expressão escrita utilizam masculinos genéricos como "o povo", "os camponeses", "a cidade" etc. Estes termos dissimulam a presença das mulheres como personagens ativas desses episódios por não as diferenciar, conduzindo a interpretações equivocadas por parte daqueles que ignoram tais características/circunstâncias idiomáticas. Possivelmente os cronistas da época não consideraram registar particularmente a sua assistência aos atos políticos, religiosos ou festivos que se celebravam na cidade porque não lhes concediam importância especial nesses contextos ou, simplesmente, porque era uma prática tão recorrente que não chamava a atenção. A exceção foram as vice-rainhas que, tal como as rainhas europeias, possuíam uma relevância política e um significado simbólico socialmente reconhecido. Isso determinou que a sua intervenção cumprisse um papel público específico e que, portanto, fosse comentado e registado.

Para recuperar as mulheres como sujeitos ativos da historia resulta conveniente a utilização do gênero como categoria de análise, seguindo a fórmula proposta por Joan Scott no seu clássico artigo "Gender: A Useful Category of Historical Analysis". O autor entende o gênero como uma construção cultural que varia com o tempo e que define o comportamento que as sociedades adjudicam às mulheres e aos homens, mas também o conjunto de papeis sociais que correspondem às suas identidades e à natureza das relações que se estabelecem entre ambos. (SCOTT, 1990). O gênero, como categoria analítica, demonstra que a identidade das mulheres se constitui e muda em relação à dos homens, em função das variáveis de tempo e espaço, ou da etnia, da classe, da religiosidade, da orientação sexual e da idade. (DE LA NOGAL FERNÁNDEZ, 2006: 19-24).

No Antigo Regime não existia propriamente aquilo a que se pudesse designar de uma solidariedade de gênero entre as mulheres, uma vez que essas relações se definiam essencialmente em função do grupo social. Assim a interpretação histórica não pode catalogar todas estas pessoas como um todo porque a experiência social as dividia (STERN, 1999: 43). A subordinação relacionada com o gênero era transversal aos diferentes extratos e convivia com a que se lhes adjudicava pelo lugar ocupado na escala social. As vice-rainhas e as damas da Corte formavam parte da elite social do reino, o que motivou cuidados especial para controlar as suas vidas. Dado que a honra era reconhecida socialmente e justificava a hierarquia interna, a imagem pública das mulheres de família podia chegar a ser ainda mais importante que o seu comportamento privado.

A DIFÍCIL INCORPORAÇÃO DAS MULHERES A HISTORIA.

Em 1999 Horst Pietschmann levantou a questão "poderia haver Corte vice-reinal sem que o vice-rei fosse acompanhado da sua esposa?" (1999: 496). Quase vinte anos depois, esta pergunta ainda se encontra em aberto e mantém todo seu interesse. Atualmente existem poucas investigações sobre as Cortes americanas nas cidades do México e de Lima e os últimos trabalhos publicados sobre esses espaços políticos e culturais continuam reproduzindo o esquema político-jurídico tradicional, sem ponderar as particularidades da sua atividade cortesã. São disso exemplo as coletâneas organizadas por Francesca Cantù (2008), Pedro Cardim e Joan-Lluís Palos (2012) que não dedicam um único capitulo às vice-rainhas e aos seus cortejos. O mesmo sucede no último livro de Manuel Rivero (2011), embora o autor tivesse defendido a sua importância em textos anteriores (2009).

Se bem a historiografia tem reconhecido os vice-reis como *alter egos* do rei no funcionamento da monarquia católica, estudando o seu papel político e simbólico, o mesmo não sucedeu em relação às suas esposas. Na Europa resulta inquestionável o poder da rainha e da sua Casa no funcionamento da Corte, como tem demonstrado Martínez Millán com base no estudo de Espanha e Portugal (2008). Mas tais ideias não se incorporaram às reflexões em torno ao âmbito vice-reinal, onde a sua figura se associou simbolicamente à da rainha. Existem vários motivos que explicam este descuido. O principal foi colocar novamente estas personagens no espaço privado, relegando-as ao papel de meras esposas passivas simplesmente por não transmitirem sangue Real nem assumirem funções políticas diretas, tal como a rainha. O segundo fator são as fortes lacunas documentais já referidas para o caso das mulheres e que ajudariam a questionar esta imagem inerte das vice-rainhas e das suas acompanhantes.

Desde os trabalhos clássicos sobre a Corte mexicana de Jorge Ignacio Rubio Mañé (1983), Ernesto de la Torre Villar (1991a), María del Pilar Gutiérrez (1993), Artemio Valle-Arizpe (2000), Antonio Rubial (2005), até aos mais recentes de Ivan Escamilla (2005), Alejandro Cañeque (2004a, 2004b, 2005, 2010, 2012), Marcello Carmagnani (2008), ou Christian Büschges (2012), há poucas investigações publicadas que se ocupem pormenorizadamente das vice-rainhas na Nova Espanha. As reflexões do escritor Octavio Paz (1982) sobre a relação entre Sor Juana Inés de la Cruz e a Condessa de Paredes não tiveram continuidade e só nos últimos anos apareceram alguns trabalhos específicos sobre o tema. Os artigos de Alberto Baena (2009, 2014) e Antonio Rubial (2014) apresentaram pesquisas gerais sobre estas damas, enquanto que Isabel Arenas (2010) aprofundou no estudo da Condessa de Baños. Mencione-se ainda a tese de mestrado de Daniela Pastor Téllez sobre as vice-rainhas no período dos Austrias (2013) que desafortunadamente não foi publicada. A exígua produção acadêmica não permite atingir um bom conhecimento sobre estas mulheres e as suas vidas, carecendo-se de biografias a partir das quais entender o seu desempenho político e social.

Para inserir as mulheres no estudo das Cortes americanas é preciso então repensar as premissas e normas seguidas pela historiografia tradicional, utilizando outras metodologias que permitam ultrapassar as dificuldades próprias deste tipo de pesquisa. Primeiramente, resulta necessário estudar o papel das vice-rainhas em todos aqueles âmbitos que tradicionalmente se consideram mais relevantes, como por exemplo, as festas políticas ou religiosas. Paralelamente, deve-se aprofundar a sua participação em todos os outros aspectos menos enfocados pelos investigadores e nos quais as mulheres tiveram um protagonismo especial. Assuntos como o exercício informal do poder, a representação do status social, ou a formação de redes sociais, só se podem entender tomando em conta o papel desenvolvido por estas damas.

Esta revisão dos campos nos quais resgatar o papel da mulher requer um olhar diferente sobre as fontes. Por um lado, torna-se necessária uma releitura dos documentos já conhecidos como as leis de Índias, juízos de residência, conflitos burocráticos, registros de passageiros, diários de sucessos notáveis ou crônicas políticas. Por outro, este esforço deve ser acompanhado da incorporação de fontes inicialmente descartadas e que se refiram à vida das mulheres ou nas quais elas se expressam. Nesse sentido, poder-se-iam recuperar os discursos moralistas, cartas, crônicas de conventos, hagiografias, processos penais ou inquisitoriais etc. Embora muitos desses documentos se produzissem de maneira privada, o seu conteúdo relaciona-se também com o público.

Finalmente, seria interessante incorporar à análise deste tema outro tipo de fontes e métodos próprios de disciplinas afins à história. As criações literárias e pictóricas produzidas durante esse período fornecem importantes informações sobre o lugar da mulher no espaço público. Ainda assim elas devem ser entendidas dentro dos contextos em que se criaram e para os quais se conceberam. Como adverte Michelle Perrot, a maioria foi produzida por homens e, nesse sentido, refletem os desejos masculinos de "um ideal físico e de vestuário" ao qual as mulheres se deveriam submeter. Por isso, o autor estabeleceu uma distinção entre as representações de carácter simbólico e as que se executaram com base em parâmetros realistas, supostamente mais próximas às experiências de então (2009: 31). No entanto, o que esta necessidade de separação reflete é, essencialmente, a complexidade da experiência social humana. Ela remete para a pluralidade de imagens de um ícone, neste caso o das mulheres, que convergiram no mesmo universo espaciotemporal. Isso chama a atenção para a existência de diversos níveis de realidade que poderiam ser percebidos, imaginados ou idealizados por essas pessoas a partir das circunstancias cognoscitivas que lhes conferiam as suas pautas culturais. Nesse sentido têm surgido vários trabalhos na esfera da literatura (BAJTIN, 1990), de antropologia (CORTÉS, 1997; GARCÍA CANCLINI, 2011), da antropologia da arte (GEERTZ, 1998; GELL, 1998) ou inclusive da história cultural (CHARTIER, 1992) que fornecem importantes pautas e ferramentas para analisar esse tipo de fontes. Para o caso das vice-rainhas novo-hispanas seria particularmente interessante considerar, por exemplo, as poesias de Maria de Estrada ou de Diego Rivera que apresentam as damas mexicanas participando nas festas de recepção do novo vice-rei, ou comemorando acontecimentos vinculados à vida da família Real, tais como funerais ou juramentos de fidelidade ao monarca. No que concerne à iconografia, são bastante chamativos os biombos novo-hispanos dos séculos XVII e XVIII. Neles se mostram as *criollas* passeando pela Alameda, navegando pelos canais que saíam da cidade do México, ocupando a sua praça principal, ou festejando em Chapultepec as mascaradas e touradas.

Caminhos pouco transitados

A pesquisa sobre as vice-rainhas e os seus cortejos de damas, longe de se reduzir ao estudo particular de um grupo privilegiado de mulheres, tem um enorme potencial para se interligar com investigações de carácter mais amplo. Só ao aprofundar este tema se poderão entender verdadeiramente todas as questões relacionadas com o exercício do poder, a representação da Coroa na América, as redes de patronato desenvolvidas pelos governantes, ou a vida cortesã do reino, entre muitos outros aspectos que caracterizaram a Nova Espanha e a sua administração. Os vice-reis dos séculos XVI e XVII eram nobres que se faziam acompanhar por familiares e criados. Ao tomar posse do seu cargo, eles costumavam beneficiar os seus protegidos com lucrativos empregos ou *encomiendas* das quais se beneficiavam indiretamente. As vice-rainhas viajavam também com as suas damas e, embora poucos investigadores se tenham dedicado a estudá-las, resulta fundamental perceber quem eram estas mulheres para entender como as suas protetoras participaram das redes de patronato da Corte mexicana. O fato de que o presidente do Conselho de Índias se referisse explicitamente, nas suas *Instrucciones* de 1603, à necessidade da vice-rainha cuidar das suas relações com as damas locais, incorporando-as ao seu cortejo, sugere a relevância política que lhe reconheciam os seus contemporâneos na manutenção do controle político do reino (TORRE VILLAR, 1991b: 298-299).

Outro aspecto importante a considerar na análise da comitiva das vice-rainhas é saber se se tratavam de mulheres solteiras ou não, se casavam com *criollos* de famílias ricas ou influentes, e se ficavam na terra depois da que suas senhoras regressassem ao reino. Só assim se poderá saber o seu nível de inserção social e sua contribuição na renovação da elite *criolla*, para interpretar o papel que tiveram na criação de redes clientelares associadas a posições políticas ou de negócios.

A Corte na América, como acontecia na Europa, era um "lugar de contato" entre os que tinham a faculdade de tomar decisões e aqueles que desejavam conseguir mercês ou favores políticos (ELTON, 1976; RUBIAL, 2005: 121). Neste contexto, o valor político e social das vice-rainhas provinha da sua condição de esposa do vice-rei e do controle sobre o circulo privado e intimo do palácio. Os poucos estudos sobre estas personagens demonstram que algumas delas dominaram o espaço informal da Corte, influenciando as decisões dos seus maridos e estabelecendo redes de patronato em seu próprio benefício. Por isso mesmo, essas mulheres necessitaram atuar com algum cuidado, evitando levantar desconfianças e exercendo a sua influencia com *"disimulo"*. Se alguma vice-rainha se excedia no seu poder, era condenada socialmente e acusada de *"dominanta"*. Sobre este assunto, o trabalho de Isabel Arenas Frutos demonstra como os *juicios de residência* feitos aos vice-reis, são especialmente úteis para desentranhar a atuação das suas esposas e o receio que elas podiam chegar a despertar noutros elementos da sociedade (2010: 551-575).

A analise da rica vida cortesã demonstra que a máxima de Castiglione de que "não pode haver Corte alguma, por grande e maravilhosa que seja, que atinja valor, lustre, ou alegria, sem a presença de damas" também se aplicou na América (1984: 231). A partir das crônicas, dos diários de noticias ou da arte da época, é possível recuperar o protagonismo das vice-rainhas e dos seus cortejos em todas as festas, bailes, e eventos notáveis que se celebraram na capital da Nova Espanha. Ao mesmo tempo, os versos de Balbuena ou de María de Estrada revelam que, nestas ocasiões, a beleza e o gasto no adorno das mulheres da terra deviam refletir diretamente a grandeza mexicana. Segundo o investigador Alejandro Cañeque, o prestigio pessoal que acompanhava a demonstração pública de riqueza permitiu que os oficiais Reais conseguissem "uma grande quantidade de capital simbólico", ferramenta que souberam explorar para garantir o respeito e devoção entre os seus administrados (2004: 616). No caso dos funerais Reais, os lutos da vice-rainha eram a expressão da dor dos governantes, mas também de todo o reino que ela representava.

Esta última ideia permite voltar sobre o significado simbólico das vice-rainhas e o seu papel como espelho para o resto de damas do reino. Na memória que o Marquês de Cerralbo deixou do seu mandato, em 1635, ele declarou que estas mulheres eram "participantes de lo que pertenece a sus maridos por la representación que hacen de la persona de S. M.".[3] Só alguns anos depois, o fiscal do *Real Acuerdo* da Nova Espanha respondia a uma consulta sobre o protocolo, assegurando que os vice-reis "son una viva representación de su Magestad que los envía" e que a Marquesa de Mancera devia desfrutar "igualmente de los privilegios de la dignidad [de su marido] y que en los que tocan a la cortesía aun se le deben mayores prerrogativas".[4] Estas afirmações indicam que não só o vice-rei se considerava o alter ego do monarca na América, mas também a sua esposa o da rainha. Novamente, a historiografia vem ignorando as opiniões dos próprios contemporâneos acerca das vice-rainhas, deixando-as fora das pesquisas sobre a representação do poder

---

3   "Relación del estado en que dejó el gobierno el Marqués de Cerralvo" (1636) em Ernesto de la Torre Villar, *Instrucciones y memorias de los virreyes novohispanos, México: Porrúa, 1991*, p. 382.

4   Carta del virrey Marqués de Mancera, México, 1670, Archivo General de Indias de Sevilla (en adelante citado como AGI), México, 44, n.15.

Real. Até ao momento não existem muitos trabalhos que desenvolvam o papel destas senhoras como imagem da monarquia, mas a análise das comemorações Reais e das festas religiosas no México devem servir para recuperar a sua relevância na cultura política do reino. Estes eventos permitiam à Coroa espanhola marcar presença nos seus territórios ultramarinos e lembrar aos seus vassalos que formavam parte de uma monarquia poderosa, personificada nos reis e nos seus representantes.

Durante as comemorações políticas as vice-rainhas recebiam as principais personalidades do reino no palácio. Aqueles que tinham o privilegio de aceder ao centro político do vice-reinado, deviam cumprir com a cerimônia do "beija-mãos", importante ritual que precisa ainda de um enfoque mais pormenorizado. A pesquisa sobre os conflitos de protocolo que envolveram as vice-rainhas e o lugar especial que se lhes reservou nas celebrações, nomeadamente a "jaula" na catedral de México e a "sacada" do palácio vice-reinal, mostram fisicamente reconhecimento social que receberam estas personagens e os conflitos políticos que mantiveram com os seus maridos.

Outro assunto que deve ser olhado com maior atenção são todas aquelas comemorações que derivavam da vida familiar dos vice-reis e que incluíam as suas esposas. A confusão entre público e privado já referida, fez com que qualquer nascimento, batismo, comunhão, aniversário, ou funeral, fosse festejado pela cidade como prova do amor que sentiam pelos seus governantes. Também os próprios vice-reis defenderam a ideia de que, como "imagens" do rei na América, eles deviam receber o mesmo tratamento por parte do povo. No entanto, em alguns casos, o gasto e aparato nas honras fúnebres das vice-rainhas chegaram a ser tão altos que o *Consejo de Indias* interviu para multar quantiosamente o representante Real.[5]

---

5   Em 1620, o Marquês de Guadalcazar foi condenado a pagar 4000 pesos de multa por se exceder nos gastos do funeral da sua esposa, María Ana Riederer de

Finalmente, o fato de que uma mulher pudesse ter um papel relevante no espaço político supunha uma incoerência para o discurso teórico imperante. As vice-rainhas deviam manter-se recatadas e ficar fechadas em casa, mas a sua responsabilidade ante as mulheres do reino que fazia dela uma espécie de espelho no qual se deveriam rever todas as outas, exigia a sua presença em cerimônias e festas. No desejo de reproduzir uma cultura política paternalista os vice-reis apresentavam-se juntos, como um casal de pais que educa o resto da sociedade através do seu exemplo. Assim estas mulheres deviam mostrar-se publicamente como esposas, mães abnegadas e devotas. Dado que numa sociedade hierárquica como a novo-hispana as elites tinham a obrigação de dar exemplo ao resto do povo, esta responsabilidade se estendia ao resto de damas de origem espanhola.

O comportamento moral e religioso dos governantes devia ser o modelo a reproduzir pelo resto de vassalos. Por isso a aliança com a Igreja católica era a base sobre a qual se apoiava o controle da sociedade. Conscientes desta obrigação, as vice-rainhas apareciam sempre com os seus esposos nas celebrações religiosas, manifestando publicamente a sua piedade. Aliás, desenvolveram uma relação especial como protetoras dos conventos de freiras, que frequentavam assiduamente. Uma vez que a moral e a honra jaziam na conduta da mulher, qualquer desvio no seu comportamento podia ser prejudicial para o acatamento à autoridade do seu marido, tornando-se num assunto político.

Considerações finais

As Cortes americanas eram espaços mistos, ocupados por homens e mulheres. No entanto, quando a maioria dos historiadores olha e tenta perceber como foram estes lugares, frequente-

---

Paar. Memorial del virrey marqués de Guadalcázar, México, 1620, AGI, México, 29, n. 40A.

mente só conseguem ver e distinguir varões. Até certo ponto, as vice-rainhas foram uma exceção dentro da sociedade colonial e as características que as definiram não podem generalizar-se ao conjunto das mulheres, nem sequer dentro do círculo mais restrito da elite colonial. Ainda assim, numa sociedade estruturada em torno a um modelo paternalista, estas personagens ocuparam metaforicamente o lugar simbólico de mãe, que servia de referente ao resto de mulheres.

O estudo das vice-rainhas e das damas que as rodeavam implica grandes dificuldades metodológicas e científicas, mas resulta extremamente interessante para entender o contexto da Nova Espanha. Não é possível explicar as dinâmicas políticas, econômicas ou sociais atendendo só uma parte da população. Portanto, o avanço destes estudos deve permitir explicar melhor o funcionamento das Cortes americanas e estimular a reflexão sobre os limites e as contradições que a prática do sistema patriarcal enfrentou. A pouca informação disponível até ao momento deixa entrever que as vice-rainhas tiveram uma relevante participação no exercício quotidiano da autoridade e na representação simbólica do poder Real na América. Na sua pessoa as fronteiras entre o público e o privado tornaram-se bastante difusas, já que foi precisamente desde o espaço íntimo que elas influenciaram a política do reino. As relações que teceram com a sociedade local, nomeadamente com o resto de damas da Corte, contribuíram para a criação de um bom clima político. Investigações particulares sobre cada uma destas personagens irão exclarecer até que ponto a sua ação foi complementar à dos seus maridos ou se, pelo contrário, os abusos de poder em benefício próprio ou a sua negligência nestes temas, colocaram em questão o respeito pela autoridade do vice-rei.

No futuro, novos trabalhos deverão ajudar a resolver as questões apontadas no artigo e permitir formular outras problemáticas. As vice-rainhas são só a ponta do iceberg e por debaixo delas existiu todo um conjunto de mulheres, de diferentes etnias e condições sociais, que transitou do interior da casa ao exterior das ruas. Pouco a pouco essas personagens deverão voltar a ocupar as praças, a alameda, os canais, as festas, as igrejas, e os teatros nos textos de história sobre o México colonial.

BIBLIOGRAFIA:

ARENAS, Isabel. ¿Sólo una virreina consorte de la Nueva España? 1660-1664. La II Marquesa de Leiva y II Condesa de Baños. *Anuario de Estudios Americanos*. Sevilla, vol. 67, n. 2, p. 551-75, 2010.

BAENA ZAPATERO, Alberto. *Mujeres novohispanas e identidad criolla, siglos XVI y XVII*. Alcalá de Henares: Ayuntamiento de Alcalá de Henares, 2009.

BAENA ZAPATERO, Alberto. Presencia y representación pública de las virreinas en la Nueva España, siglos XVI y XVII. *Colonial Latin American Historical Review (CLAHR)*. Texas, Second Series, vol. 2, nº 1, p. 49-74, 2014.

BAJTIN, M. La estética de la creación verbal. México: Siglo XXI, 1990.

BÜSCHGES, Christian. La corte virreinal como espacio político: el gobierno de los virreyes de la América hispánica entre monarquía, élites locales y casa mobiliaria. In: CARDIM, Pedro e PALOS, Joan-Lluís (orgs.). *El mundo de los virreyes en las monarquías de España y Portugal*. Madrid-Vervuert: Iberoamericana, 2012, p. 319-344.

CANTÙ, Francesca (org.). *Las cortes virreinales de la Monarquía española: América e Italia*. Roma: Viella Librería Editrice, 2008.

CAÑEQUE, Alejandro. El poder transfigurado: el virrey como "la viva imagen del rey" en la Nueva España de los siglos XVI y XVII. In: MAZÍN, Oscar (org.). *Las representaciones del poder en las sociedades hispánicas*. México D.F.: El Colegio de México e Centro de Estudios Históricos, 2012, p. 301-35.

CAÑEQUE, Alejandro. Imaging the Spanish Empire: The Visual Construction of Imperial Authority in Habsburg New Spain. *Colonial Latin American Review*. Londres, nº 19, p. 29-68, 2010.

CAÑEQUE, Alejandro. De parientes, criados y gracias: cultura del don y poder en el México colonial, siglos XVI-XVII. *Histórica*. Lima, nº 29, p. 3-42, 2005.

CAÑEQUE, Alejandro. *The King's Living Image: The Culture and Politics of Viceregal Power in Colonial Mexico*. New York: Routledge, 2004.

CAÑEQUE, Alejandro. *De sillas y almohadones o de la naturaleza ritual del poder en la Nueva España de los siglos XVI y XVII*. Revista de Indias. Madrid, nº 232, p. 609-634, 2004.

CARDIM, Pedro e PALOS, Joan-Lluís (orgs.). *El mundo de los virreyes en las monarquías de España y Portugal*. Madrid-Vervuert: Iberoamericana, 2012.

CARMAGNANI, Marcello. El virrey y la corte virreinal en Nueva España. In: CANTÙ, Francesca (org.). *Las cortes virreinales de la Monarquía española: América e Italia*. Roma: Viella Librería Editrice, 2008, p. 65-77.

CASTIGLIONE, Baldassare. *El cortesano*. Madrid: Espasa-Calpe, 1984.

CHARTIER, Roger. *El mundo como representación*. Barcelona: Gedisa, 1992.

COURTES, JOSEPH. *Análisis semiótico del discurso: del enunciado a la enunciación*. Madrid: Gredos, 1997.

DEL VALLE-ARIZPE, Artemio. *Virreyes y virreinas de la Nueva España: tradiciones, leyendas y sucedidos del México virreinal*. México: Porrúa, 2000, 2 vol.

DE LA NOGAL FERNÁNDEZ, Rocío. *Españolas en la arena pública (1758-1808)*. Buenos Aires: Miño y Dávila Editores, 2006, p. 19-24.

ELTON, Geoffrey Rudolph. Presidential Address: Tudor Government: The Points of Contact III. The Court. *Transactions of the Royal Historical Society*. Cambridge, nº 26, p. 211-228, 1976.

ESCAMILLA, Iván. La corte de los virreyes. In: RUBIAL, Antonio (org.). *Historia de la vida cotidiana en México*. México: Fondo de Cultura Económica, 2005, vol. 2, p. 371-406.

GARCÍA CANCLINI, Néstor. *La sociedad de relato. Antropología y estética de la inminencia*. México: Katz editores, 2011.

GEERTZ, Clifford. *La interpretación de las culturas*. Barcelona: Gedisa, 1998.

GELL, Alfred. *Art and Agency. An Anthropological Theory*. Oxford: Clarendon Press, 1998.

GRUZINSKI, Serge. *O pensamento mestiço*. São Paulo: Companhia das Letras, 2001.

GUTIÉRREZ, María del Pilar. *De la corte de Castilla al virreinato de México: el conde de Galve (1653-1697)*. Madrid: Gráficas Dehon, 1993.

PASTOR, Daniela. *Mujeres y poder. Las virreinas novohispanas de la casa de Austria*. 2013. 206 f. Tese (Doutorado em Psicologia) – Facultad de Filosofía y Letras, UNAM, México, 2013.

PAZ, Octavio. *Sor Juana Inés de la Cruz o las trampas de la fe*. Barcelona: Seix Barral, 1982.

PERROT, Michelle. *Mi historia de las mujeres*. Buenos Aires: Fondo de Cultura Económica, 2009.

PIETSCHMANN, Horst. La Corte Virreinal de México en el siglo XVII en sus dimensiones jurídico-institucionales, sociales y culturales: aproximación al estado de la investigación. In: BOSSE, Monika e STOLL, André (orgs). *La creatividad femenina en el mundo barroco hispánico: María de Zayas, Isabel*

Rebeca Correa, Sor Juana Inés de la Cruz. Erfurt: Edition Reichenberger, 1999, p. 481-497.

RIVERO, Manuel. *La edad de oro de los virreyes. El virreinato en la Monarquía Hispánica durante los siglos XVI y XVII*. Madrid: Akal, 2011.

RIVERO, Manuel. Como reinas: El virreinato en femenino (Apuntes sobre la Casa y Corte de las virreinas). In: MARTÍNEZ MILLÁN, José María e MARÇAL LOURENÇO, Paula (orgs.). *Las relaciones discretas entre las Monarquías Hispana y Portuguesa: Las Casas de las Reinas (siglos XV-XIX)*. Madrid: Ed. Polifemo, 2009, vol. 2, p. 789-818.

RUBIAL, Antonio. Las virreinas novohispanas. Presencias y ausencias. *Estudios de Historia Novohispana*. México DF, n° 50, p. 3-44, 2014.

RUBIAL, Antonio. *Monjas, cortesanos y plebeyos: la vida cotidiana en la época de Sor Juana*. México D.F.: Santillana Ediciones Generales Taurus, 2005.

SCOTT, Joan. El género: una categoría útil para el análisis histórico. In: AMELANG, James e NASH, Mary (orgs.). *Historia y género. Las mujeres en la Europa Moderna y Contemporánea*. Valencia: Edicions Alfons el Magnanim, Institució Valencina d Estudis i Investigació, 1990, p. 23-56.

STERN, Steve. *La historia secreta del género. Mujeres, hombres y poder en México en las postrimerías del periodo colonial*. México: Fondo de Cultura Económica, 1999.

TORRE VILLAR, Ernesto de la. Advertencias acerca del sistema virreinal novohispano, *Anuario Mexicano de Historia del Derecho*. México, n° 3, p. 261-290, 1991a.

TORRE VILLAR, Ernesto de la. Advertencias de las cosas en que ha de tener particular cuidado el virrey de la Nueva España. Instrucción privada dada al Marqués de Montesclaros por Pablo de Laguna, presidente del Consejo de Indias. In: TORRE

VILLAR, Ernesto e NAVARRO DE ANDA, Ramiro (orgs). *Instrucciones y memorias de los virreyes novohispanos.* México: Porrúa S. A., 1991b, p. 298-299.

INFANTES E REIS COMO ADMINISTRADORES DAS ORDENS MILITARES: UMA ESTRATÉGIA GOVERNATIVA

Paula Pinto Costa[1]

As Ordens Militares constituíram desde as suas origens, instituições que atraíram a atenção da monarquia portuguesa. Tratavam-se de organizações que integravam a estrutura da Igreja, que tinham uma dimensão supranacional, que acumularam grandes domínios territoriais e que tinham definido objetivos fundacionais relevantes e muito inovadores no seu tempo. Todos estes fatores contribuíram para o seu prestígio e estiveram na base do poder que foram acumulando. Nos séculos XII-XIII deram um contributo decisivo para o processo de territorialização da fronteira e da consolidação do território (COSTA, 2015: 141-169). O processo de senhorialização associado a esta acumulação de bens territoriais fez das Ordens Militares instituições muito importantes no Portugal medieval e nos primórdios da modernidade. Ao longo de todo este tempo titularam 147 comendas e / ou bens integrados na mesa mestral, 119 castelos e cerca de 300 igrejas, a que se somavam outros espaços de culto de menor dimensão (nomeadamente capelas,

---

[1] Faculdade de Letras da Universidade do Porto / Centro de Estudos da População, Economia e Sociedade. ppinto@letras.up.pt

ermidas e misericórdias). A forte implantação que alcançaram tornou estas Ordens permeáveis aos mais diversos interesses sociais, circunstâncias que lhes conferiram uma atuação política crescente. Com efeito, há muita documentação das Ordens Militares nos fundos régios da Torre do Tombo, o que reforça a importância da aplicação de um inquérito sobre o papel que desempenharam frente à monarquia e à administração do reino. Os seus freires exerceram, pois, cargos no aparelho burocrático e em representação da coroa, asseguraram uma participação indireta na administração, através dos mecanismos que implementaram nas suas próprias terras (concessão de cartas de foral), tiveram assento no conselho régio e foram testamenteiros régios.

Tomaram parte ativa nas mais diversas movimentações políticas, a exemplo das que se registaram no contexto da batalha de Aljubarrota, em que as filiações e as traições políticas encontram nas Ordens Militares uma espécie de incubadora do que se passava no reino em geral, demonstrando a forte ligação com a coroa e o compromisso com a orientação que se gizava para o reino (COSTA, 2009: 591-614). Estas circunstâncias justificaram o desenvolvimento de estratégias governativas que atraíram gradualmente as Ordens para a coroa, que afetaram a sua autonomia e que conduziram infantes e reis a administradores das Ordens Militares (FONSECA, 2001: 334-345; PIZARRO, 2006: 139-160; SILVA, PIMENTA, COSTA, 2006: 588-595).[2] As Ordens Militares representavam uma ameaça muito grande para a coroa, pois detinham extensos domínios territoriais, sendo que alguns deles se situavam nas zonas fronteiriças sem, contudo, se comprometerem com essa divisória político-diplomática, e mantinham vínculos institucionais, do foro jurídico-canónico, com as suas casas conventuais, reforçados por votos de obediência pessoal a um superior hierárquico, para além de fortes ligações a outras cortes europeias onde também estavam

---

2 A nobreza também foi alvo de um processo de atração à corte (PIZARRO, 2014: 156).

presentes. Esta última vertente seria aliciante e funcionaria como fator de proximidade a outras famílias reais, circunstância que poderia proporcionar alianças significativas.

Face às caraterísticas enunciadas, a coroa, desde cedo, percebeu que teria de estabelecer um plano de controle que visasse estas instituições e que convertesse todo o poder que tinham em mais-valias para a monarquia, destituindo-as gradualmente da sua autonomia. Esta opção evidenciou-se sobretudo a partir da segunda metade do século XIII e teve significativos momentos-chave nos reinados de D. Dinis (1279-1325), de D. João I (1385-1433), de D. Manuel I (1495-1521) e de D. João III (1521-1557). Ao longo deste processo foram tomadas medidas integradas numa mesma estratégia que se foi intensificando e que foi assumida como válida durante praticamente três séculos, até culminar na anexação definitiva dos mestrados à coroa. Estas medidas conheceram diversos níveis. Foram, pois, medidas de controlo patrimonial e do exercício jurisdicional associado a esses territórios; medidas centradas em questões institucionais e em vínculos jurídico-canónicos para com as casas conventuais de que as Ordens dependiam; medidas que atingiam pessoas, através de procedimentos de escolha e nomeação para o exercício de determinados ofícios e cargos. Para além destas, foram tomadas outras medidas não especificamente destinadas a estas Ordens, mas que produziram resultados que também as atingiram, como as inquirições régias (com especial incidência nos anos de 1220-1288/90), que permitiram aos monarcas conhecer melhor as propriedades régias e senhoriais, bem como os direitos que lhes estavam associados.

Para Castela, Carlos de Ayala Martínez (1997: 259 e 262-263) aponta o período que decorre entre os reinados de Afonso X (1252-1284) e Afonso XI (1312-1350), como precedente do processo de incorporação dos mestrados na Coroa de Castela, no quadro da criação de uma monarquia autoritária. Assim, as primeiras manifestações do processo passaram pela vinculação das dignidades à corte, pela imposição da jurisdição régia nos senhorios das Ordens e pela intervenção régia de forma sistemática nas eleições capitulares.

Depois de enunciadas, impõe-se uma explicitação mais detalhada sobre a aplicação de cada uma destas medidas em Portugal. As medidas de controle patrimonial e do exercício jurisdicional associado aos territórios onde exerciam o seu senhorio tiveram início ainda no reinado de D. Afonso III, que, em 1 de fevereiro de 1261, reunido em conselho juntamente com a sua cúria, estipulou a forma como estas instituições deviam receber o montado, ou seja, um imposto pago ao senhor da terra em que o gado pastava. A decisão tomada restringiu esta cobrança a um único local e acrescentou que só poderiam cobrar portagem nos lugares que o soberano autorizasse. A quem não cumprisse esta determinação, D. Afonso III reservou uma pena que, para além do pagamento de 500 soldos para os cofres da coroa e das custas do processo, obrigava os infratores a apresentarem-se ao rei para serem submetidos a procedimentos de justiça.[3]

Embora os primeiros sintomas se identifiquem no tempo de governo de D. Afonso III, será no reinado de D. Dinis que se detecta o ponto de viragem, tendo lugar a inserção das Ordens Militares na agenda política da monarquia (PIZARRO, 2006: 104-105; 164-166). Algumas sentenças de D. Dinis contrárias, tanto à Ordem de Avis (CUNHA, 1995: 119),[4] como à do Hospital (COSTA, 2001) constituem um sinal do propósito de controle sobre estes freires. A disputa sobre vários direitos demonstra o seu significado material e financeiro e a sua relevância simbólica ao nível da organização do senhorio jurisdicional e de certas formas de poder (BARQUERO

---

3   Chancelaria D. Afonso III, livro1, vol. I, doc. 237 (Ordem do Templo) e 238 (Ordens do Hospital, Calatrava e Santiago): 262-263.

4   Atendendo ao aumento do número de diplomas relacionados com litígios entre a Ordem de Avis e particulares, entre os finais do séc. XIII e inícios do séc. XIV, a autora conclui que D. Dinis, ao intervir na sua resolução, controla a milícia.

GOÑI, 1994: 28-33).[5] Prestemos atenção a alguns exemplos pela sua clareza. O rei demandava aos Hospitalários certas aldeias e propriedades situadas em Trás-os-Montes, bem como os respetivos direitos e rendas, num valor equivalente a 20 mil libras. Em 13 de fevereiro de 1291, este diferendo foi resolvido através de um acordo, pelo qual D. Dinis ficou com Sendim, Picote, Vilar Seco e os termos e rendas correspondentes, assim como com os herdamentos e direitos que a Ordem tinha em Carção, nos portos de Miranda do Douro, de Picote e de Urrós e os direitos das barcas de passagem, mostrando bem a importância estratégica e dos rendimentos que o comércio podia proporcionar nesta zona da fronteira transmontana. Em contrapartida, os Hospitalários ficavam com as igrejas desses mesmos lugares, com as dízimas e outros direitos, bem como com certas casas que pudessem ser o ponto de apoio logístico para colher o pão, o vinho e as jugarias de bois.[6] Estas decisão judicial indicia a vontade de confinar os freires sobretudo à esfera religiosa, o que nos parece bastante significativo.

De uma maneira geral, os direitos relacionados com a circulação de pessoas e bens eram bastante importantes em tempos medievais. Com efeito, em 21 de fevereiro de 1309, D. Dinis, através de Domingos Martins, enfrentou na instância judicial Martim Rodrigues, comendador de Belver, por causa da portagem e da passagem cobradas no lugar de Amêndoa.[7] Pela mesma altura decorria uma contenda sobre a portagem de Fontelo, o corte de carne nos açougues e a nomeação de juiz por parte dos freires. Este litígio já se arrastava há alguns anos, sendo evocada uma sentença que inibia o comendador de toda a jurisdição, exceto no que dizia respeito

---

5   O autor chama a atenção para a relação que existe entre esta convivência problemática e complexa e o desenvolvimento senhorial da Ordem.
6   TT, *Gav. XII, m. 1, nº 15 e Gav. VI, m. ún., nº 116 e 262 e L.N., Direitos reais, l. 2, fls. 161-162.*
7   TT, *Chancelaria de D. Dinis, l. 3, fls. 68v-69.*

às igrejas da Ordem.[8] Mais uma vez, o reconhecimento da atuação da Ordem recai apenas sobre a vertente religiosa.

Deve acrescentar-se também que certos direitos relativos à freguesia de S. Miguel de Cepães, cobrados pelos freires aos foreiros régios, eram bastante polémicos. A discussão incidia em encenssórias, comedorias e lutuosas, para além da anúduva, da portagem e do mordomado andarem "...ascondidos e sonegados...". Apesar de o hospitalário Francisco Esteves argumentar que os freires tinham recebido os referidos direitos a título de esmola, antes de a terra pertencer ao rei, os ouvidores régios consideraram que o monarca deveria possuir todos os bens alvo da contenda.[9] O impacto deste ambiente de contenda foi agravado pelo facto de a partir da última década do séc. XIII e, em particular, do ano de 1291, altura em que teve lugar a derrota em S. João de Acre, os Hospitalários terem ficado muito fragilizados no plano internacional.

Em segundo lugar, apontamos as medidas centradas em questões institucionais e de observação de vínculos jurídico-canônicos para com as casas conventuais de cada uma destas Ordens. Este é um dos indicadores mais sintomáticas para a questão em estudo. Até ter sido criada a Ordem de Cristo em 1319, todas as Ordens Militares que havia em Portugal tinham vínculos para com os seus conventos principais situados fora do reino. O Hospital e o Templo tinham os respetivos órgãos centrais de governo no Mediterrâneo, Santiago tinha um vínculo ao convento de Uclés e Avis à casa-mãe de Calatrava. Esta dimensão supranacional, materializada em vínculos funcionais foi alvo da maior atenção por parte da coroa, que procurou fragilizar e até cortar estas ligações, como aconteceu no reinado de D. Dinis. De fato, a Ordem de Avis (CUNHA, 1996; PIMENTA, 2009) e a de Santiago (CUNHA, 1991: 129-169; PIMENTA, 2012: 397-414) assistiram à diluição progres-

---

8   TT, *Gav. VI, m. ún., nº 28.*
9   TT, *Chancelaria de D. Dinis, l. 3, fl. 141 e Gav. VI, m. ún., nº 66.*

siva dos seus vínculos para com as casas conventuais respetivas, situadas no vizinho reino de Castela. O exemplo da Ordem de Santiago é um dos mais paradigmáticos. Desde a sucessão do Mestre Paio Peres Correia (1284), todos os mestres foram envolvidos neste objetivo de cortar a ligação ao convento de Uclés. Neste sentido, Pedro Escacho personifica essa separação, sendo o responsável pela promulgação dos Estabelecimentos de 1327 (CUNHA, 1991).

A intervenção régia sobre a Ordem de Santiago também foi significativa em Castela, onde, em 1338, Afonso XI destituiu o Mestre espatário, eleito em capítulo, e nomeou como seu substituto Alonso Méndez, irmão de Leonor de Guzmán, que, por sua vez, viria a ser sucedido pelo seu próprio filho, o infante D. Fadrique (AYALA MARTÍNEZ, 1997: 263). A Ordem de Avis foi mais fácil de atingir. A propósito da eleição do Mestre Garcia Peres do Casal, em 1311, D. Dinis terá dito "… porque a Ordin de Avis he cousa minha e dos reys que forom ante de mim e que depos mim am de viir…", para expressar o controle que exercia sobre a instituição (CUNHA, 1990: 373-392; CUNHA, 1995: 113-124). Em Castela, a postura era muito semelhante. De facto, a crónica de Afonso XI guarda a memória de que "… o rei, por direito, servir-se-ia das Ordens quando entendesse …"[10] (AYALA MARTÍNEZ, 1997: 261).

Em sentido complementar, também se procurou aumentar a influência de Portugal nas instâncias supranacionais das Ordens, escolhendo-se freires Portugueses para cargos de projeção mais alargada. De facto, assim aconteceu, por exemplo, com Gonçalo Pires Pereira, oriundo de uma família de ascendência Trastâmara e com bens entre a margem esquerda do Cávado e o vale do Ave, foi comendador de Limia, Toronho, Távora e Faia e também Grão-Comendador (PIZARRO, 1999: II, 302-304; 308). Garcia Martins foi Prior a partir de 1289, comendador de Leça,

---

10 "… el rrey por derecho se avia de servir de las hordenes quando le cunpliese …" Traduções da autora.

de Santarém e, por fim, teve a dignidade de grão-comendador nos cinco reinos ibéricos entre 1303 e 1306 (BARROCA, vol. II, tomo 2, 2000: 1288-1294).

Neste contexto, a criação da Ordem de Cristo é paradigmática. Depois de ter decidido que os bens da suprimida Ordem do Templo seriam entregues à do Hospital, o Papa João XXII aceitou fazer uso distinto dos bens portugueses e pela bula "Ad ea ex quibus", de 14 de março de 1319, instituiu a Ordem da Cavalaria de Jesus Cristo, a pedido do rei D. Dinis, aplicando à nova instituição todos os rendimentos, jurisdições e regalias dos Templários[11]. D. Dinis argumentou que os bens do Templo em Portugal "non se podiam juntar nen encorporar en aa dicta orden do Hospital sem gram perigoo e gran prejoizo seu e dos seus rreynos",[12] o que é um claro sinal do seu programa de atuação (SILVA, 1997: 22-25; PIZARRO, 2006: 165-166). Com o mesmo objetivo de fortalecer o poder régio e de aumentar a tutela da monarquia, a Coroa de Aragão dividiu o património hospitalário em dois núcleos administrativos (Castelania de Amposta e Priorado da Catalunha), cortando, desta forma, o poder da Ordem e criando a Ordem de Montesa com base nos bens do Templo (BONET DONATO, 1994: 65-73; SARASA SÁNCHEZ, 2000: 379-401).

Do reinado de D. Afonso IV (1325-1357) também há sintomas de problemas que se enquadram no mesmo contexto de maturidade progressiva do poder político e dos seus reflexos ao nível do controle exercido sobre as Ordens. Este rei procurou impedir os Hospitalários portugueses de pagarem o tributo anual (responsões) que deveriam enviar para o tesouro comum que funcionava junto do convento central.[13] Deste modo, atingia a dimensão financei-

---

11 Por todos, *Monumenta Henricina*, Coimbra, Comissão Executiva do V Centenário da Morte do Infante D. Henrique, vol. I, doc. 61, p. 97-110 e doc. 62: 110-119 (versão em português).

12 *Monumenta Henricina, vol. I, doc. 62: 112.*

13 *Monumenta Henricina, vol. I, doc. 77: 166-167. No Capítulo Geral realizado em 1330, os Hospitalários portugueses teriam que contribuir para as finanças da Or-*

ra e, mais importante ainda, a dimensão jurisdicional da Ordem, usando a sua autoridade para impedir que os freires do priorado de Portugal se deslocassem ao convento central em resposta ao chamamento do seu superior máximo, o Grão-Mestre.[14] Em terceiro lugar, falamos em medidas que atingiram pessoas em particular. O rei D. Pedro I (1357-1367) enviou o seu filho ilegítimo D. João para a Ordem de Avis, em 1364, na sequência da morte de D. Martim Pires do Avelar, o qual seria Mestre até 1387, ano em que casou com Filipa de Lencastre e em que Fernão Rodrigues Sequeira assumiu o mestrado da Ordem (PIMENTA, 1997: 178).[15] Talvez o facto de D. Martim ter apoiado militarmente Pedro I de Castela, em 1361, tenha tido alguma influência na decisão de D. Pedro I, a par das explicações do foro sociopolítico já apontadas por Cristina Pimenta (2006: 143; 179-181). Se excetuarmos D. Afonso, filho de D. Afonso Henriques, que foi Grão-Mestre da Ordem do Hospital entre 1203/1204 e 1206/1207 (LUTTRELL, 2014: 197-206), na fase tardo-medieval em que todas as questões em estudo são integradas numa estratégia concertada e bem articulada, D. Pedro I foi o primeiro rei a assumir a opção de destinar um filho a uma Ordem Militar. Mais uma vez, sublinhamos a sintonia com Castela, onde, em 1337, Gonzalo Martínez de Oviedo, homem da confiança do rei foi escolhido pelo próprio rei para Mestre da Ordem de Alcântara, não sendo mesmo seu freire (AYALA MARTÍNEZ, 1997: 262).

No contexto em análise, em Portugal, esta forma de atuação conheceu um segundo momento-chave no reinado de D. João I (1385-1433), altura em que os seus filhos foram colocados como administradores ou governadores das Ordens (BARBOSA, 1999: 223-229): o infante D. João fica na Ordem de Santiago em 1418; o

---

dem com uma responsão equivalente a 2 mil florins (TIPTON, 1968: 304). Situação semelhante ocorreu na Coroa de Aragão, exatamente na mesma cronologia (BONET DONATO, 1994: 69).

14 *Monumenta Henricina, vol. I, doc. 99: 235-236.*
15 Fernão Rodrigues Sequeira terá sido eleito em capítulo no ano de 1387.

infante D. Henrique na de Cristo em 1420; e o infante D. Fernando na de Avis em 1434. A subida ao mestrado destes infantes não interrompeu de forma abrupta a atuação de nenhum dos mestres em funções à época, na medida em que D. João I se limitou a esperar pelos respetivos momentos de vacatura. A exceção foi reservada à Ordem do Hospital, como explicaremos.

Sublinhe-se que Juan I de Castela, em 1384, já tinha obtido do Papa Clemente VII um privilégio sem precedentes que lhe reconhecia a possibilidade de nomear o titular dos mestrados de Santiago, Calatrava e Alcântara, ficando vacantes durante o seu reinado (AYALA MARTÍNEZ, 1997: 266).

Tabela 1 – Mestres nomeados pela coroa
(adaptado de FONSECA, 2004: 325)

Ano	Cristo	Avis	Santiago	Hospital
1418			D. João, filho do rei D. João I	
1420	D. Henrique, filho do rei D. João I			
1434		D. Fernando, filho do rei D. João I		
1442			D. Diogo, filho do inf. D. João	
1444		D. Pedro, filho do inf. D. Pedro	D. Fernando, filho do rei D. Duarte	
1460	D. Fernando, filho do rei D. Duarte			
1468			D. João, filho do rei D. Afonso V	

Ano	Cristo	Avis	Santiago	Hospital
1470	D. João, filho do inf. D. Fernando		D. João, filho do inf. D. Fernando	
1472 (?)	D. Diogo, filho de D. Fernando (irmão de D. Afonso V)		D. João, filho do rei D. Afonso V	
1484	D. Manuel, filho de D. Fernando (irmão de D. Afonso V)			
1495	D. Manuel, filho de D. Fernando (irmão de D. Afonso V) e, a partir de agora, rei de Portugal			
1490 (?)		D. Afonso, filho do rei D. João II	D. Afonso, filho do rei D. João II	
1491		D. Jorge, filho bastardo do rei D. João II	D. Jorge, filho bastardo do rei D. João II	
1521	D. João III, rei de Portugal			
1522				D. Luís, irmão do rei D. João III
1551		D. João III, rei de Portugal	D. João III, rei de Portugal	D. António, filho do inf. D. Luís

Os comentários de índole política à situação plasmada na tabela 1 encontram-se dispersos por um conjunto de obras e dão conta do interesse que este assunto tem suscitado entre os investigadores (por todos, FONSECA, 2004: 322-347). Da observação da informação que consta na tabela, importa destacar duas grandes questões: Em primeiro lugar, entre 1418 e 1434, as Ordens de Santiago, de Cristo e de Avis foram alvo do mesmo tipo de opção de governação, visível na indigitação dos infantes, enquanto a Ordem do Hospital só 100 anos mais tarde viria a ser administrada por um infante da casa real. A excepicionalidade da Ordem do Hospital decorria da sua atuação na guerra mantida no Mar Mediterrâneo contra o avanço Turco, como explicaremos de seguida. Em segundo lugar, D. Fernando, filho do rei D. Duarte, e D. João, filho do infante D. Fernando juntaram em si as Ordens de Santiago e de Cristo. Numa combinatória distinta, D. João, filho do rei D. Afonso V, D. Afonso e D. Jorge, ambos filhos de D. João II reúnem sob a mesma administração as Ordens de Avis e de Santiago. Significa isto uma descaracterização da essência destas instituições e uma série de contradições da normativa, orientada por inspirações filiais distintas? Ao que tudo indica, todas as Ordens, com independência da sua matriz devocional e canônica, eram tratadas do mesmo modo.

Em síntese, D. Manuel I foi o primeiro rei de Portugal que também foi Mestre de uma Ordem Militar, acumulando os dois títulos. D. João III, Mestre de Cristo desde a morte de D. Manuel, esperaria 30 anos para congregar na sua pessoa a administração das três Ordens, concretizando um projeto progressivamente preparado e que tornou o processo de anexação definitiva à coroa (1551) irreversível e inevitável. De fato, infantes e reis converteram-se em administradores das Ordens Militares, dado que o controle destas instituições era um dos elementos cruciais da estratégia governativa do reino. Neste contexto, podemos ainda apontar medidas que atingem outras pessoas e que se reforçam mutuamente, como a nomeação de comendadores ao sabor dos interesses que passavam pela coroa. Nos primórdios das Ordens Militares o acesso à titulatura das comendas regia-se por normas próprias e era influenciado pelos interesses das famílias que conheciam as suas propriedades e percebiam as suas potencialidades. Nos séculos XII-XIV em Portugal, segundo demonstra a investigação feita por José Augusto Pizarro, a nobreza dividia o seu património em função de um sistema de heranças que contemplava os diversos herdeiros e só no final da Idade Média adotaria a primogenitura masculina, instituindo o morgadio (PIZARRO, 2014: 157). Assim, se entende que algumas famílias tentassem ampliar e potenciar o seu património através da procura de uma comenda para um dos seus homens, por vezes situada nas proximidades dos bens de família (COSTA, 2005: 605-621). À medida que nos aproximamos do final da Idade Média, as Ordens Militares mostram-se cada vez mais redutos de carreiras políticas e muito comprometidas com a política de concessão de mercês pela coroa (OLIVAL, 2001). Alguns dos indivíduos que ingressavam nestes institutos tinham sido afastados da herança familiar, por razões ligadas às formas jurídicas ao nível sucessório de proteção da integridade física do património, e procuravam, desta forma, ter acesso a um modo de vida que os levasse para além do diminuto senhorio familiar em que tinham nascido. Os tempos eram propícios ao ingresso numa carreira de corte, desdobrada em inúmeras opções relacionada com a burocracia régia (PIZARRO, 2014: 177-178). A partir do momento em que os filhos de D. João I foram colocados na qualidade de administradores das Ordens de Santiago, de Cristo e de Avis, segundo Luís Filipe Oliveira (2009), acentuou-se o processo de aristocratização das Ordens.

A reação das Ordens Militares, por um lado, e a reação da monarquia manifestada na interferência ao nível interno destas instituições, por outro lado, são questões que importa distinguir. É difícil apurar a primeira dimensão do problema, isto é, a reação das Ordens Militares, na medida em que a mescla com o poder real era de tal modo intensa que mascara as respostas que os freires tenham tentado encontrar. A normativa, tantas vezes apontada como indício destas transformações, é, ela própria, um produto das orientações da coroa, tornando-se difícil distinguir entre o que as Ordens querem assumir e regular como a sua conduta e o que a coroa exige que fique plasmado nesses textos. Assim, podemos mais facilmente colocar-nos na perspetiva da segunda parte da questão, ou seja, na reação da monarquia manifestada na interferência ao nível interno destas instituições. Aqui, sim, as dúvidas começam a dissipar-se. D. Manuel, Mestre de Cristo desde 1484, acumularia este título com o de rei, o qual alcançou em 1495. D. João III criou a Mesa da Consciência e Ordens (1532) e assistiu à anexação definitiva dos mestrados à Coroa (1551). Na sequência da morte de D. Jorge em 1550, D. João III, que já tinha a Ordem de Cristo por morte de D. Manuel em 1521, tornou-se administrador das outras duas instituições congéneres (PIMENTA, 2001). Em Castela, a bula *Dum intra nostrae* de Adriano VI outorgada em benefício do rei Carlos I, data de 1523, e visa a incorporação dos mestrados na coroa. Já em 1561, Pio IV, pelo breve *Praeclaris celsitudinis tuae,* reconhece ao rei o significativo direito de visita sobre as casas e membros das Ordens de Cristo, Santiago e Avis (AYALA MARTÍNEZ, 1997: 288; POSTIGO CASTELLANOS, 1999: 291-318).

 A Ordem do Hospital conservou um estatuto de exceção, em boa medida pelo papel que tinha na guerra contra os Turcos no Mar Mediterrâneo, tendo-se registado algumas manifestações muito expressivas ao nível desta probelmática. No dia 13 de maio de 1508, o Prior D. Diogo Fernandes de Almeida morreu e D. Manuel solicitou ao Papa a dignidade prioral do Crato para D. João de Meneses, membro de uma influente família aristocrata e da confiança do rei, conde de Tarouca e comendador de Sesimbra da Milícia de Santiago. Passados 14 anos, quando D. João de Meneses morreu em 1522, D. João III reagiu de imediato, pretendendo que a administração do Priorado fosse confiada a um seu irmão, o Infante D. Luís. Neste seguimento, o Papa Adriano VI comunicou ao Grão--Mestre e ao convento de Rodes os propósitos da Coroa portuguesa, sublinhando que o rei dizia que o Priorado se concedia por apresentação dos reis de Portugal. Numa atitude cautelar, o Pontífice suspendeu o processo, reservando-o à disposição da Santa Sé, uma vez que queria prover no cargo de Prior uma pessoa "... *utile e proveytossa* ...".[16] Embora tenha assumido esta reserva, Adriano VI pediu ao arcebispo de Braga que desse o hábito da Ordem a um irmão do rei que o próprio nomeasse, que tivesse mais de seis anos, fosse idóneo e o admitisse à profissão.[17] Contrariamente aos preceitos normativos, Adriano VI solicitou ao Grão-Mestre que não se intrometesse na disposição que fosse tomada sobre o Priorado.

O Papa justificou, com palavras claras, por que razão não podia atender às súplicas de D. João III:

> ...convinha e ajuda era necessario a Cristandade os privilegios da dicta ordem enteyramente serem goardados por tall que se nam ouvesse esperança de promoçam per os cavaleiros da dicta ordem segundo suas anci<a>nidades poucos se achariam que quissessem viir a Rodes a defender a Cristandade.[18]

Face a este impasse, o Grão-Mestre atribuiu a dignidade a Fr. Gonçalo Pimenta, embora o Papa não homologasse esta escolha, o que suscitou de imediato uma congratulação por parte de D. João III pelo facto de o Papa não "... *confirmar a louca provysam do gram mestre* ..." e por ter prometido que o daria somente "... *a quem fosemos servido* ...".[19] Toda esta questão centrada no provimento do Priorado do Crato após a morte de D. João de Meneses foi encerrada em 1532, quando, passados 10 anos, o infante D. Luís foi elevado a Prior do Crato. Mais tarde, D. Luís mostraria vontade em ser sucedido pelo seu filho D. António, o que, efetivamente aconteceu em 25 de maio de 1551, quando o Papa Júlio III, pela bula *Circa*

---

16   TT, *Corpo Cronológico, I, m. 28, nº 42.*
17   TT, *Bulas, m. 23, nº 19.*
18   TT, *Bulas, m. 13, nº 12.*
19   TT, *Gav. XV, m. 19, nº 15.*

pastoralis officii, concedeu a D. António a administração e futura sucessão do referido priorado.[20] No âmbito da estratégia política definida para todas as Ordens Militares, a produção dos textos normativos é muito importante e conserva sinais claros deste contexto. Algo semelhante ocorreu em Castela, em particular no reinado dos Reis Católicos, quando as questões relacionadas com a normativa passaram a ser reguladas por um conselho especificamente criado por volta de 1495 (AYALA MARTÍNEZ, 1997: 288).O abundante *corpus* normativo em vigor em Portugal (FERREIRA, 2004) revela, por um lado, a integração definitiva das Ordens na esfera do poder real, acompanhada do respetivo esforço de adaptação, e, por outro, o reforço da dimensão religiosa, especialmente significativa para uma parte destes freires.

Trata-se de um processo com muitas contradições. A substituição de um Mestre pelo seu sucessor é, certamente, o melhor exemplo destas contradições entre o que ficava, no plano teórico, definido e escrito na normativa e o que, na prática, acontecia. Os textos normativos continuariam a insistir neste tipo de procedimentos, talvez porque a vigilância atenta da Santa Sé impedisse textos mais arrojados que eliminassem determinadas cláusulas; talvez porque interessasse manter as Ordens Militares, conservando a sua matriz organizacional e os traços do perfil religioso que as caracterizava. O grau de observância de alguns dos preceitos normativos deveria ser baixo no final da Idade Média. De instituições com um *modus vivendi* próprio, definido e ajustado inúmeras vezes em regras, estatutos, ordenações e regimentos, vão sendo empurradas para formas de vida que abarcam mundos muito distintos: enquanto os freires cavaleiros se misturavam com a sociedade civil, política e burocrática, outros freires, nomeadamente os clérigos, recolhiam-se em conventos e eram cada vez mais o exemplo de uma moral confessional típica da *devotio moderna*.

---

20 TT, *Bulas, m. 30, nº 23.*

BIBLIOGRAFIA:

AYALA MARTÍNEZ, Carlos. *La corona de Castilla y la incorporación de los maestrazgos*. In *Militarium Ordinum Analecta*, nº 1, Porto, Fundação Engº António de Almeida, 1997: 257-290. Disponível em: http://www.cepesepublicacoes.pt/portal/pt/obras/militarium-ordinum-analecta-n.o-1

BARBOSA, Isabel Lago. Mestre ou Administrador? A substituição dos Treze pela coroa na escolha do Mestre. In *Ordens Militares. Guerra, religião, poder e cultura, Actas do 3º Encontro sobre Ordens Militares*, 2, Palmela, Câmara Municipal e Edições Colibri, 1999: 223-229.

BARQUERO GOÑI, Carlos. The hospitallers and the castilian-leonese monarchy: the concession of royal rights, twelfth to fourteenth centuries. In *The military orders.Fighting for the faith and caring for the sick*, ed. Por Malcolm Barber, Variorum, 1994: 28-33.

BARROCA, Mário Jorge. *Epigrafia medieval portuguesa (862-1422)*, Lisboa, Fundação Calouste Gulbenkian, 4 vols., 2000.

BONET DONATO, María. *La Orden del Hospital en la Corona de Aragón. Poder y gobierno en la Castellanía de Amposta (ss. XII-XV)*, Biblioteca de Historia, Madrid, Consejo Superior de Investigaciones Científicas, 1994.

Chancelaria D. Afonso III, ed. Leontina Ventura e António Resende de Oliveira, livro 1, vol. I, Coimbra, Universidade de Coimbra, 2006.

COSTA, Paula Pinto. A nobreza e a Ordem do Hospital: uma aliança estratégica.In *As Ordens Militares e de Cavalaria na Construção do Mundo Ocidental*. Atas do IV Encontro sobre Ordens Militares, Lisboa, Ed. Colibri e Câmara Municipal de Palmela, 2005: 605-621.

COSTA, Paula Pinto. D. Dinis e a Ordem do Hospital: dois poderes em confronto. In: Atas da *II Semana de Estudios Alfonsíes*, Puerto de Santa Maria, 2001.

COSTA, Paula Pinto. De la frontiere a la consolidation du territoire: la contribution des Ordres militaires au processus de territorialisation aux XIIe-XIIIe siecles. In*Entre Islam et Chrétienté. La territorialisation des frontières, XIe-XVIe siècles*, ed. Stephane Boisselier e Isabel Cristina Fernandes. Collection « Histoire ». Rennes : Presses Universitaires de Rennes, 2015: 141-169.

COSTA, Paula Pinto. Uma cultura de guerra aquém e além da fronteira: a Ordem do Hospital no contexto da batalha de Aljubarrota. In *Atas das VI Jornadas Luso-espanholas de Estudos Medievais. A guerra e a sociedade na Idade Média*. Campo Militar de S. Jorge (CIBA), Porto de Mós, Alcobaça, Batalha, SPEM, 2009: I, 591-614.

CUNHA, Maria Cristina Almeida e. A eleição do Mestre de Avis nos séculos XIII-XV. In *As ordens militares em Portugal e no sul da Europa: Encontro sobre Ordens Militares*, vol. 2. Palmela: Câmara Municipal, 1990: 373-392. Disponível em: http://aleph20.letras.up.pt/F/5VY9NXT29B2BLBMAXMTX B8CF8JH5LJ5FI1L8R447XI4EUQRQFP-08298?func=find-acc&acc_sequence=000833491

CUNHA, Maria Cristina Almeida e. A Ordem de Avis e a monarquia portuguesa até ao final do reinado de D. Dinis. *Revista da Faculdade de Letras: História*. Porto: Universidade do Porto. Faculdade de Letras. II série, vol. 12 (1995): 113-124. Disponível em: http://aleph20.letras.up.pt/exlibris/aleph/ a20_1/apache_media/9J4JQG1AP4GK3XAN6KLVHBVM6 BLD4C.pdf

CUNHA, Mário Raul de Sousa. *A Ordem Militar de Santiago: das origens a 1327*, Porto, Faculdade de Letras da Universidade do Porto, 1991.

FERREIRA, Maria Isabel Rodrigues. *A Normativa das Ordens Militares Portuguesas (séculos XII-XVI). Poderes, Sociedade, Es-*

piritualidade, Porto, Faculdade de Letras da Universidade do Porto, 2004.

FONSECA, Luís Adão da. Ordens Militares. In *Dicionário de História Religiosa de Portugal* (dir. Carlos Moreira Azevedo), 3, Lisboa, Círculo de Leitores, 2001: 334-345.

FONSECA, Luís Adão da. As Ordens Militares e a Expansão. In *A Alta Nobreza e a Fundação do Estado da Índia. Actas do Colóquio Internacional,* coord. João Paula Oliveira e Costa e Vítor Rodrigues, Lisboa, Centro de História de Além-Mar, Universidade Nova de Lisboa, 2004: 322-347.

LUTTRELL, Anthony. *Afonso of Portugal, Master of the Hospital: 1202/3–1206.*In *Deeds done beyond the sea. Essays on William of Tyre, Cyprus and the Military Orders presented to Peter Edbury*. Edited by Susan B. Edgington and Helen J. Nicholson. Series Crusades, Subsidia, 6, Farnham, Ashgate, 2014: 197-206.

Monumenta Henricina, Coimbra, Comissão Executiva do V Centenário da Morte do Infante D. Henrique, vol. I, 1960.

OLIVAL, Fernanda, *As Ordens Militares e o Estado Moderno. Honra, Mercê e Venalidade em Portugal (1641-1789)*, Lisboa, Estar Editora, 2001.

OLIVEIRA, Luís Filipe. *A Coroa, os Mestres e os Comendadores. As Ordens Militares de Avis e de Santiago (1330-1449)*, Faro, Universidade do Algarve, 2009.

PIMENTA, Maria Cristina. A Ordem de Santiago em Portugal: fidelidade normativa e autonomia política. In *Freires, Guerreiros, Cavaleiros. Actas do VI Encontro sobre Ordens Militares de Palmela*, Palmela, 2012: 397-414.

PIMENTA, Maria Cristina. A Ordem Militar de Avis: durante o mestrado de D. Fernão Rodrigues Sequeira. In: *Militarium Ordinum Analecta. As ordens militares no reinado de D. João I*, vol. I, Porto, Fundação Eng. António de Almeida, 1997: 129-

290. Disponível em: http://www.cepesepublicacoes.pt/portal/pt/obras/militarium-ordinum-analecta-n.o-1

PIMENTA, Maria Cristina. As ordens de Avis e de Santiago na Baixa Idade Média : o governo de D. Jorge. In *Militarium Ordinum Analecta*, Porto, Fundação Eng. António de Almeida, 2001. Disponível em: http://www.cepesepublicacoes.pt/portal/pt/obras/militarium-ordinum-analecta-n.o-5

PIMENTA, Maria Cristina. Calatrava em Portugal: notas para uma revisão da questão. In: *El nacimiento de la Orden de Calatrava. Primeros tiempos de expansión (siglos XII-XIII)*, Actas del I Congreso Internacional "850 Aniversario de la fundación de la Orden de Calatrava, 1158-2008" (ed. MADRID MEDINA, Angela; VILLEGAS DIAZ, Luís Rafael), Ciudad Real, Instituto de Estudios Manchegos, 2009: 189-204.

PIMENTA, Maria Cristina. *D. Pedro I*, Mem Martins, Círculo de Leitores, 2006.

PIZARRO, José Augusto Sottomayor. *Linhagens medievais portuguesas. Genealogias e estratégias (1279-1325)*, vol. II. Porto: Centro de Estudos de Genealogia, Heráldica e História da Família / Universidade Moderna, 1999.

PIZARRO, José Augusto Sottomayor. *D. Dinis*. Mem Martins: Círculo de Leitores, 2006.

PIZARRO, José Augusto Sottomayor; COSTA, Paula Pinto. Nobreza, mundo eclesiástico e ordens militares. In: FONSECA, Luís Adão da (coord.). *Entre Portugal e a Galiza. Um olhar peninsular sobre uma região histórica*. Porto: CEPESE e Fronteira do Caos, 2014: 153-159.

POSTIGO CASTELLANOS,Elena. ... y 'los maestres se hicieron reyes, y los reyes maestres'. Algunas consideraciones sobre las Órdenes de Caballería de tercera generación (1520-660). In: *Militarium Ordinum Analecta*, 2, Porto, Fundação Eng° António de Almeida, 1999: 291-318. Disponível em http://www.

cepesepublicacoes.pt/portal/pt/obras/militarium-ordinum-analecta-n.o-2

SARASA SÁNCHEZ, Esteban. *La supresión de la Orden del Temple en Aragón. Proceso y consecuencias*, In: *Las Órdenes Militares en la Península Ibérica*, vol. I. Cuenca: Ediciones de la Universidad de Castilla-La Mancha, 2000: 379-401.

SILVA, Isabel Luisa Morgado de S. e. A Ordem de Cristo sob o Mestrado de D. Lopo Dias de Sousa. In: *Militarium Ordinum Analecta*, 1, Porto, Fundação Eng° António de Almeida, 1997: 5-126. Disponível em: http://www.cepesepublicacoes.pt/portal/pt/obras/militarium-ordinum-analecta-n.o-1

SILVA, Isabel Morgado; PIMENTA, Maria Cristina; COSTA, Paula Pinto. Prerrogativas Mestrais e Monarquia: as Ordens Militares Portuguesas na Baixa Idade Média. In: *La Peninsula Ibérica entre el Mediterráneo y el Atlántico. Siglos XIII-XV* (ed. GONZÁLEZ JIMÉNEZ, Manuel; MONTES ROMERO-CAMACHO, Isabel), Sevilha-Cádiz, Diputación de Cádiz – Sociedad Española de Estudios Medievales, 2006: 589-595.

TIPTON, Charles L. The 1330 chapter general of the knights hospitallers. *Traditio*, Cambridge University Press, vol. 24 (1968): 293-308.

TT, *Bulas*, m. 13, n° 12; m. 23, n° 19; m. 30, n° 23.

TT, *Chancelaria de D. Dinis*, l. 3, fls. 68v-69; fl. 141.

TT, *Corpo Cronológico*, I, m. 28, n° 42.

TT, *Gav. VI*, m. ún., n° 28, n° 66, n° 116 e n° 262.

TT, *Gav. XII*, m. 1, n° 15.

TT, *Gav. XV*, m. 19, n° 15.

TT, *Leitura Nova, Direitos reais*, l. 2, fls. 161-162.

Terceira Parte
Discursos, Religiosidades e Arte

AS TAPEÇARIAS DE PASTRANA: IMAGEM DE PODER E GLÓRIA DE AFONSO V, O AFRICANO
Flavia Galli Tatsch[1]

No final do século XV, Afonso V, o Africano, rei de Portugal, comissionou quatro tapeçarias conhecidas como *Tapeçarias de Pastrana*, com o intuito de demonstrar seu poder durante o processo de expansão ultramarina portuguesa. Elaboradas em Tournai, Flandres, celebravam a vitória do monarca luso na tomada das cidades magrebinas de Arzila e Tanger. Para além de se constituírem como um impressionante elemento de construção de memória e de propaganda política, os panos de armar engrandeciam a figura de seu comitente. Neste artigo, procurei traçar alguns paralelos entre as *Tapeçarias de Pastrana* e outro conjunto de panos de armar flamengo cujo tema era a *Guerra de Troia*, a fim de perceber algumas especificidades e/ou as permanências de elementos iconográficos na fabricação da narrativa visual laudatória dos feitos portugueses.

---

[1] Flavia Galli Tatsch é doutora em História Cultural pelo IFCH/UNICAMP. Professora dos Programas de Graduação e Pós-Graduação em História da Arte da EFLCH/UNIFESP. É coordenadora do Núcleo História da Arte do Laboratório de Estudos Medievais – LEME/UNIFESP.

Introdução

No Museu Paroquial das Tapeçarias em Pastrana, Guadalajara, Espanha, existem seis tapeçarias de origem flamenga que representam a conquista de diversas praças no norte da África pelas tropas do monarca português Afonso V, o Africano. O conjunto, que evoca o sucesso das estratégias militares e políticas desse monarca, está dividido em duas séries: uma delas, menos conhecida, conta com dois panos de armar identificados por Calvo (2003: 81-90) como: 1) *Missa e beija-mão de Afonso V de Portugal e seus cavaleiros em Lagos, antes de zarpar para Alcácer-Ceguer*, Flandres (?), último quartel do século XV, 395 x 1070 cm. Colegiada de Nossa Senhora da Assunção, Pastrana (Guadalajara), Espanha; e 2) *Desembarque em Alcácer*, Flandres (?), último quartel do século XV, 395 x 1135 cm. Museo Parroquial de Tapices de Pastrana, Pastrana (Guadalajara), Espanha. A segunda série, muito mais conhecida e divulgada, conta com quatro exemplares atribuídos à oficina de Pasquier Grenier: *O Desembarque em Arzila, O Cerco de Arzila, O Assalto a Arzila* e *A Tomada de Tânger*.[2] Neste texto, a análise se concentrará na segunda série que também é conhecida como *Tapeçarias de Pastana*. Ao revisitar o tema, procurarei inserir a importância desta arte no contexto tardo-medieval, como um discurso visível e épico da presença portuguesa na África em seu viés comemorativo. Mas, antes, creio ser importante traçar uma breve introdução sobre as tapeçarias no cotidiano tardo-medieval.[3]

---

2   Gostaria de agradecer à Profª Drª Renata Cristina Nascimento por ter-me "apresentado" às Tapeçarias de Pastrana, durante sua fala "Representações sobre 'o Africano': as conquistas portuguesas em África no século XV", na III Jornada de Estudos Medievais: Questões de História e História da Arte Medieval, realizada em 16 de maio de 2014, organizada pela Profª Drª Rossana Pinheiro (Departamento de História/UNIFESP) e por mim.

3   Artigo intitulado *As Tapeçarias de Pastrana e a Expansão Portuguesa: A Construção de uma Narrativa Épica*, escrito em co-autoria pela professora Renata Cristina Nascimento e por mim, encontra-se no prelo e será publicado em 2016 na *Revista Diálogos Mediterrânicos*. Nele, o(a) leitor(a) poderá encontrar maio-

Do que estamos falando quando falamos em tapeçaria? De uma manufatura elaborada em um tear manual. Há uma enorme diferença entre um bordado e uma tapeçaria. O primeiro é elaborado a partir de fios coloridos que são costurados em uma tela com agulha, sendo que o desenho não cobre toda a superfície do pano. Já a tapeçaria é manufaturada a partir de teares, que articulam os fios. O processo de tecelagem era muito, muito lento, podendo levar anos. Tinha início com um desenho original que deveria ser transposto para um cartão. Esse primeiro processo tinha como objetivo adaptar as linhas, as formas, as cores e, principalmente, os planos da representação para o suporte e a técnica dos teares (BROSENS, 2013: 297; CAVALLO, 1993: 36-44). A seguir, os teares eram preparados para receber os fios da urdidura, compostos por lãs especialmente tingidas, fios de seda, de prata e de ouro. Todo esse processo fazia com que a tapeçaria se configurasse como um produto de luxo e de altíssimo custo com o qual poucos podiam arcar. Por isso, os comitentes faziam parte de uma elite econômica: famílias reais, aristocratas e o alto clero.

Os temas urdidos giravam em torno de motivos florais (conhecidos como *millefleurs*), dos cinco sentidos, das canções de gesta e dos inúmeros jogos do amor cortês, cenas campestres, brasões de armas, alegorias, grandes personagens da história, do Velho e do Novo Testamentos e da mitologia grega. Neste último caso, menciono somente um exemplo, bastante popular, o da *Guerra de Troia* que teve, provavelmente, como fonte de inspiração a versão medieval escrita no século XII por Benoit de Saint-More, reescrita em latim por volta de 1270 por Guido da Colonna e posteriormente traduzida para diversas línguas vernáculas, o que lhe valeu um imenso sucesso no Ocidente Medieval. O conto teria sido renovado

res dados sobre o contexto tardo-medieval de produção das tapeçarias flamengas, seus comitentes e formas de apropriação; assim como outras informações específicas e descrições das Tapeçarias de Pastrana.

em 1464 por Raoul Lefèvre a pedido de Filipe, o Bom, duque da Borgonha (SOUCHAL, 1973: 46).

Entre 1471 e 1472, Carlos, o Audaz, encomendou a Pasquier Grenier, um dos mais influentes agentes da cidade flamenga de Tournai, um conjunto de onze panos de armar com a história da Guerra de Troia. A exemplo do Duque da Borgonha, diversos governantes teriam encomendado tapeçarias similares como Federico de Montefeltro, Duque de Urbino, Ludovico o Moro, Duque de Milão, Carlos VIII de França, Henrique VII da Inglaterra. Entre outros fatores, pode-se atribuir a grande popularidade da lenda à expectativa de nobres e governantes em relação às personagens da trama e de suas ações como modelos para seu próprio comportamento.

A série comissionada por Carlos, o Audaz soma mais de noventa e cinco metros de comprimento e quatro e meio de altura e teria levado entre doze e catorze anos para ficar pronta (FORSYTH, 1955:84). Das onze tapeçarias, quatro se encontram no acervo do Museo Catedralicio de Zamora, Espanha: *Rapto de Helena*, *Tenda de Aquiles* (figura 1), *Morte de Aquiles* (figura 2) e *Destruição de Troia* (figura 3). Legendas com versos em francês na parte superior e em latim na inferior, explicavam as "várias cenas, muitas vezes separadas por elementos arquitetônicos e explicadas por inscrições" (SOUCHAL, 1973: 48). As narrativas sempre têm início do lado esquerdo e se desenvolvem para o direito. Não vou me deter na leitura destas imagens, mas gostaria de chamar a atenção para a composição: a sobreposição dos planos e a falta de espaços vazios, o predomínio das cores amarelo, vermelho e azul; o aglomerado de corpos nas cenas de batalha; a figuração dos estandartes. Como menciona Forsyth (1955: 80), se o observador não lesse os nomes dos heróis bordados com a intenção de identificá-los, dificilmente se suspeitaria que a história urdida teria se passado na Antiguidade: as cenas de batalha sugerem um corpo a corpo medieval e os heróis clássicos são cavaleiros medievais enfeitados com elementos da idade da cavalaria. Ora, essa preocupação com a figuração dos armamentos e das ricas vestimentas, baseadas nas coetâneas, preenchia a distância entre os heróis antigos e os observadores do século XV, o mesmo valendo para a representação da arquitetura visivelmente de caráter gótico e não clássico.

Figura 1: A partir do desenho do Mestre Coëtivy, atribuída à oficina de Pasquier Grenier, Tournai (Bélgica). *Guerra de Troia. Tenda de Aquiles*. Museo Catedralicio, Zamora. Disponível em: http://tapices.flandesenhispania.org/index.php/La_Tienda_de_Aquiles. Acesso em 5 de junho de 2016.

Figura 2: A partir do desenho do Mestre Coëtivy, atribuída à oficina de Pasquier Grenier, Tournai (Bélgica). *Guerra de Troia. Morte de Aquiles.* Museo Catedralicio, Zamora. Disponível em: http://tapices.flandesenhispania.org/index.php/Muerte_de_Aquiles . Acesso em 5 de junho de 2016.

Figura 3: A partir do desenho do Mestre Coëtivy, atribuída à oficina de Pasquier Grenier, Tournai (Bélgica). *Guerra de Troia. Destruição de Troia.* Lã e seda, 477 x 942 cm. Museo Catedralicio, Zamora. Disponível em: http://tapestries.flandesenhispania.org/index.php/The_Destruction_of_Troy_(Destrucci%C3%B3n_de_Troya). Acesso em 6 de junho de 2016.

A partir do século XIV, ainda que os panos de armar de grandes dimensões tenham sido elaborados para cobrir portas e lareiras, enfeitar cabeceiras de camas e forrar paredes (BARTHÈLEMY, 2009: 422), seu uso não se limitava ao espaço das residências: nos dias de festa, torneios, procissões religiosas ou de entradas reais, as tapeçarias eram expostas nas fachadas das igrejas, das casas ou nos púlpitos. Nos campos de batalha, tanto serviam como guia e forma de identificação das tropas quando carregadas por estandartes, como criavam um clima de conforto ao serem suspensas nas tendas dos generais e outros comandantes.

A realeza fazia uso das tapeçarias também para causar impacto entre a nobreza e o público em geral. Basta citar Filipe, o Bom, que em 1461, quando da coroação de Luís XI, carregou consigo alguns exemplares de sua coleção para Paris, mostrando-os nas paredes do *hotel d'Artois*, aberto para que o público admirasse as histórias de Alexandre e de Gedeão. Havia, ainda, outra forma de uso das tapeçarias: elas serviam como declarações políticas de seus proprietários. Por exemplo: em 1386, Filipe, o Audaz (1342-1404), duque da Borgonha, grande incentivador das manufaturas têxteis flamengas, encomendou o pano de armar sobre a *Batalha de Roosebeke*, ocorrida quatro anos antes, entre tropas francesas e flamengas. Segundo Smith, os duques da Borgonha não inventaram "a prática de usar tapeçarias como forma de propaganda política portátil, eles a refinaram grandemente. Suas cortes serviram como modelo para o uso e a exposição de tapeçarias por muitos governantes" (1989: 127). Foi o caso de Ana de Bretanha (1477-1514), que no século XV mandou tecer a *Batalha de Formigny* (1450) com o objetivo de celebrar a vitória da Guerra dos Cem Anos. Infelizmente, nem a *Batalha de Roosebeke* ou a *Batalha de Formigny* sobreviveram ao tempo e ao uso.

Os monarcas lusos não foram diferentes de seus pares, encomendando as tapeçarias nos grandes ateliers de Bruxelas, Arras e Tournai ou, então, comprando-os de intermediários instalados em Antuérpia e Bruges. Em Portugal, as tapeçarias – também denominadas de "panos de raz, "razes" ou "raz" – tiveram importante papel na propaganda política e na demonstração de poderio de seus governantes durante o processo de expansão ultramarina. Em especial, estão as quatro mencionadas no início destetexto, comissionadas por Afonso V, o Africano para comemorar a conquista das cidades magrebinas de Arzila e Tânger.

IMAGENS DE PODER E GLÓRIA DO MONARCA LUSO

As *Tapeçarias de Pastrana*, como ficou conhecido o conjunto formado pelo *Desembarque em Arzila* (figura 4), *O Cerco de Arzila* (figura 5), *O Assalto a Arzila* (figura 6) e *A Tomada de Tânger* (figura 7), teriam sido encomendadas a Pasquier Grenier, o mesmo responsável pela tessitura da série da *Guerra de Troia*. Ora, Grenier mantinha frutíferas relações com os duques de Borgonha, casa que também as mantinha com a corte portuguesa - em 1430, Filipe, o Bom casou-se pela terceira vez com Isabel de Portugal (1397-1471), filha de D. João I (1385-1433) e tia de Afonso V. Por isso, não era incomum que as manufaturas de Tournai e de outras cidades, como Bruxelas, recebessem também encomendas das casas reais lusas (DELMARCEL, 1999: 33).

Figura 4: Atribuída à oficina de Pasquier Grenier, Tournai (Bélgica). *O Desembarque em Arzila*, último quartel do século XV. Lã e seda, 368 (esq.) / 357 (dir.) x 1108 (sup.) / 1107 (inf.) cm. Museo Parroquial de Tapices de Pastrana, Pastrana (Guadalajara), Espanha. Disponível em: http://tapices.flandesenhispania.org/index.php/Desembarco_en_Arcila. Acesso em 6 de junho de 2016.

Figura 5: Atribuída à oficina de Pasquier Grenier, Tournai (Bélgica). *O cerco de Arzila*, último quartel do século XV. Lã e seda, 428 (esq.) / 422 (dir.) x 1078 cm. Museo Parroquial de Tapices de Pastrana., Pastrana (Guadalajara), Espanha. Disponível em: http://tapices.flandesenhispania.org/index.php/Cerco_de_Arcila. Acesso em 6 de junho de 2016.

Figura 6: Atribuída à oficina de Pasquier Grenier, Tournai (Bélgica). *O Assalto a Arzila*, último quartel do século XV. Lã e seda, 369 (esq.) / 355 (dir.) x 1009 (sup.) / 1094 (inf.) cm. Museo Parroquial de Tapices de Pastrana., Pastrana (Guadalajara), Espanha. Disponível em: http://tapices.flandesenhispania.org/index.php/Asalto_de_Arcila. Acesso em 6 de junho de 2016.

Figura 7: Atribuída à oficina de Passchier Grenier, Tournai (Bélgica). *Tomada de Tânger*, último quartel do século XV. Lã e seda, 404 (esq.) / 387 (dir.) x 1082 cm. Museo Parroquial de Tapices de Pastrana., Pastrana (Guadalajara), Espanha. Disponível em: http://tapices.flandesenhispania.org/index.php/ Toma_de_T%C3%A1nger. Acesso em 6 de junho de 2016.

Não se sabe ao certo a data da encomenda. Segundo Araújo (2012: 60-61), são duas as hipóteses: em 1471, no mesmo ano da conquista das praças magrebinas, para enaltecer os feitos de Afonso V; ou em 1476, por conta dos conflitos ocasionados pela pretensão do monarca luso ao trono castelhano quando do casamento com dona Joana de Trastâmara, sua sobrinha e única filha do falecido Henrique IV de Castela com D. Joana, infanta de Portugal. Dúvidas em relação à paternidade de Joana colocavam em risco o direito da jovem à sucessão. Nesse sentido, segundo Araújo, os razes tinham como objetivo enaltecer o poderio do Africano frente aos seus opositores. Em relação aos trabalhos de conclusão da tessitura, não há como apontar uma data específica. Dornellas, um dos especialistas que se dedicou ao seu estudo, comentou que podem ter levado mais de duas décadas para sua elaboração (1926: 111).

A historiografia portuguesa, nas figuras de Reinaldo José dos Santos e José de Figueiredo, entre outros, atribuiu ao pintor e escudeiro régio Nuno Gonçalves (ativo entre 1450-1490) os desenhos originais que teriam servido para a elaboração dos cartões.

Nunca é demais lembrar, Gonçalves pintou o polítptico de altar conhecido como *Painéis de São Vicente*, ca. 1470, que hoje se encontra no acervo do Museu Nacional de Arte Antiga, em Lisboa.

Como já mencionado, todo e qualquer desenho original elaborado para a figuração de uma tapeçaria deveria ser adaptado tendo em mente a urdidura da trama. Não foi diferente com as *Tapeçarias de Pastrana:* mesmo que o original tivesse sido concebido pelo pintor régio – que por sua posição estava inserido na história e na vivência dos relatos – ou por um artista flamengo – e aqui sempre é preciso ter me mente que talvez não tivesse, como Gonçalves, uma forma privilegiada de contato com os fatos – a adaptação teve como resultado final a estética difundida pelas tapeçarias flamengas. Tal como vimos em *Guerra de Troia*, os exemplares afonsinos contam com a sobreposição dos planos e a falta de espaços vazios; com o predomínio das cores amarelo, vermelho e azul; com o aglomerado de corpos na cena de batalha; com a figuração dos estandartes; a preocupação na figuração dos armamentos e nas ricas vestimentas. O mesmo se dá na representação da malha urbana que em nada correspondia à realidade magrebina, isso porque havia o costume de se apropriar de um modelo iconográfico consagrado que aproximava as cidades da África e do Oriente àquelas do norte da Europa, com torres e telhados pontiagudos, como se observa nos detalhes abaixo (figura 8).

Figura 8: Detalhes diversos das Tapeçarias de Pastrana

Porém, ao mesmo tempo em que se vislumbra a estética flamenga nos panos de armar épicos da conquista magrebina, há que se levar em conta algumas especificidades na fabricação dessa narrativa que, creio, são muito peculiares se comparadas a outras do período. Aponto somente algumas no decorrer deste texto. Começo com os três razes que representam a conquista da cidade de Arzila, que se configuraram como uma síntese dos feitos e do heroísmo do exército luso, principalmente, do monarca e de seu filho, o infante dom João. À N'*ODesembarque em Arzila* (figura4), à esquerda, a frota portuguesa, identificada com o estandarte português e a cruz de São Jorge, aproxima-se da costa. Em primeiro plano, a presença de Afonso V na nau capitânia está anunciada através de seu emblema e pendão real: o rodízio aspergindo gotas. É importante perceber que, nas tapeçarias que se referem à conquista de Arzila, a posição do pendão e do emblema se configura tanto como um dispositivo valioso para indicar a presença e atuação dos heróis reais – o rei e seu filho –, quanto serve para dirigir o olhar do observador ao longo dos diferentes momentos da história. Em *Guerra de Troia*, não existe tal artifício: os personagens centrais se encontram sobre suas montarias, sob tendas ou outros elementos arquitetônicos, quando não em meio à profusão dos corpos que se batem.

No centro, as tropas continuam a operação de desembarque. Algumas perdas são inevitáveis, como a dos soldados que morrem afogados. Nada disso impede que Afonso V e a maioria do exército cheguem bem em terra firme. Agora, o monarca surge resplandecente tal qual um nobre cavaleiro, com uma armadura reluzente e ricamente bordada. Pouco mais acima e à direita, Afonso e o infante João já estão em terra firme e se dirigem à pé para a cidade amuralhada, defendida por soldados islâmicos que se encontram por detrás das ameias, fortemente armados.

No geral, a paisagem, formada por árvores e montanhas, característica das tapeçarias flamengas, é indistinta. Flamengas são também as personagens alongadas, representados em três quartos, de perfil ou de frente, sem preocupação com a retratística, tendo em comum os olhos grandes e bem abertos, bocas fechadas levemente rosadas e os narizes bem delineados e longos, algumas vezes se vê uma pequena linha tentando salientar a maçã do rosto ou a linha abaixo dos olhos. A barba pode ser uma característica tanto dos europeus quanto dos mouros. Flamenga também é a sensação de profundidade dada pela sobreposição.

O Cerco de Arzila mostra o assédio à cidade com o exército luso que se encontra dentro de uma paliçada de madeira construída como proteção dos ataques inimigos. Ao longo do madeirame estão diversos escudos com a insígnia de Portugal, o pendão real e a cruz de São Jorge, esta se configurando claramente como uma alusão ao caráter de reconquista das cruzadas. O árduo combate é conduzido à direita pelo rei e à esquerda pelo infante. Há uma enorme preocupação em representar as proteções de corpo e de cabeça, tal como elmos, armaduras, cotas de malha e etc. O mesmo se dá com o equipamento militar português da segunda metade do século XV nas campanhas no Magreb, como explica Araújo:

> O armamento defensivo, onde são incluídas as protecções de cabeça, as protecções de corpo, as defesas exteriores e o armamento ofensivo, de que fazem parte as armas brancas, as armas de haste, as armas de propulsão muscular, as armas de propulsão neurobalística e as armas de propulsão pirobalística (2012: 5).

A narrativa vai num crescendo até que n'*O Assalto a Arzila* o embate é ainda mais avassalador. À direita da tapeçaria, Afonso V empunha sua espada para o alto: é o rei imponente sobre seu cavalo, combatente e destemido, que enfrenta o inimigo. Ora, essa construção da figura do herói possui a mesma linguagem iconográfica encontrada nas tapeçarias sobre Troia como se vê na figura 9, da esquerda para a direita, as imagens equestres de Ulisses, Heitor e do monarca luso, em posição de combate ou de liderança, se destacando das multidões que os rodeiam. Ainda que o cavalo de Ulisses seja de madeira, ele está ricamente adornado, assim como os outros dois de verdade. Aqui, a função dos cavalos não é a de simples montaria, mas se configura como o próprio ornamento do cavaleiro e da ideia da cavalaria refigurada em Troia e em terras magrebinas.

Figura 9: Detahes das tapeçarias da *Guerra de Troia* (esquerda e centro): *Tenda de Aquiles e Destruição de Troia*. Detalhe da Tapeçaria de Pastrana (direita): *Assalto a Arzila*

Essa construção da figura do herói se estende também ao príncipe português em meio às tropas, à esquerda da tapeçaria, empunhando um bastão de comando. Ainda que haja uma significativa intenção de ressaltar a presença e a participação nos feitos, a figura do infante não podia se sobrepor à do rei: daí o fato de segurar um bastão de comando ao invés de empunhar uma espada e a ornamentação de seu cavalo ser mais tímida em comparação com as outras apontadas acima.

N' *O Assalto* as tropas portuguesas encontram-se aglomeradas fora das muralhas. Alguns soldados aguardam a vez para invadir enquanto outros já se encontram dentro de Arzila; mas, agora, como observou Bunes Ibarra, estão sem "as bombardas [que] desapareceram para dar lugar às espadas nuas, aos assaltos às torres e à luta corpo a corpo contra o inimigo" (2010,75). Parece-me necessário fazer alguns comentários sobre a fabricação visual do combate. Em primeiro lugar, retorno à série da saga troiana, com *Morte de Aquiles*: as cenas de batalha praticamente não nos deixam vislumbrar os corpos dos combatentes, salvo aqueles que estão em primeiro plano empunhando suas espadas e ferindo os inimigos. Ao fundo e à direita da tapeçaria (figura 10), quase que a criar um efeito circular, há um imenso aglomerado de capacetes, não se veem sequer os rostos, e só o que se sobressai dessa massa uniforme são os estandartes.

Figura 10: A partir do desenho do Mestre Coëtivy, atribuída à oficina de Pasquier Grenier, Tournai (Bélgica). *Guerra de Troia. Morte de Aquiles* [detalhe] . Museo Catedralicio, Zamora. Disponível em: http://tapices.flandesenhispania.org/index.php/Muerte_de_Aquiles . Acesso em 5 de junho de 2016.

Na narrativa visual épica portuguesa, o efeito circular na estruturação da luta está ausente. Além disso, enquanto em *Troia* os muros da cidade se sobressaem no último plano, em *Arzila* fazem parte do próprio combate, pois os soldados surgem por entre as casas e os muros, com os braços levantados empunhando espadas e cimitarras, as diferentes proteções de cabeça a identificar os soldados cristãos dos muçulmanos. Na adaptação dos fatos para a tessitura, há uma clara intenção em omitir o que não interessa perpetuar: se no *Desembarque* optou-se por mostrar os corpos daqueles que perderam suas vidas na tentativa de alcançarem a costa – detalhe que só faz engrandecer o feito –, *Assalto a Arzila* tem a clara intenção de suprimir a morte dos combatentes lusos – entre eles D. João Coutinho, conde de Marialva, e D. Álvaro de Castro, conde de Monsanto e camareiro-mor de Afonso V. Em sentido oposto, interessa mostrar as baixas do inimigo como os soldados mouros que estão entre as ameias, feridos em combate: o sangue do inimigo derramado enaltece os heróis anônimos portugueses.

Por fim, a narrativa d'*A Tomada de Tânger* segue por outros caminhos. Em primeiro plano, vemos novamente o mar, muito agitado, mas não há nele nenhuma embarcação. À esquerda, ocupando quase um terço da tapeçaria, a infantaria e cavalaria portuguesas, lideradas por alguns cavaleiros, marcham em direção à porta da cidade. Os símbolos da presença real – o pendão e o emblema – estão ausentes assim como aquele a quem estão ligados, pois Afonso V não participou pessoalmente da conquista dessa praça do norte da África. Ausente também qualquer tipo de combate corpo a corpo já que, antes da chegada das tropas lusas, a cidade havia sido desocupada por seus habitantes, apresentados à direita da tapeçaria. Em meio à massa dos soldados e dos habitantes desterrados, Tânger aparece de forma magnífica por entre suas muralhas: a representação da urbe conquistada é tão importante quanto a figuração das personagens.

Nesta rápida observação dos dois conjuntos de tapeçarias, procurei apontar algumas particularidades específicas e a permanência de alguns elementos iconográficos nas representações do mito grego e dos eventos ocorridos no norte da África. Se por um lado, o desaparecimento das tapeçarias relativas a outros feitos militares históricos contemporâneos, como as mencionadas *Batalha de Roosebeke* e *Batalha de Formigny*, impede uma análise comparada da fabricação das narrativas visuais laudatórias em um tipo de suporte muito apreciado, por outro, faz com que apreciemos ainda mais o único conjunto sobre o tema que chegou até nós.

BIBLIOGRAFIA:

ARAÚJO, Inês Filipa Meira. *As Tapeçarias de Pastrana, uma iconografia da Guerra*. Dissertação de Mestrado em arte, patrimônio e teoria do restauro. Lisboa: Universidade de Lisboa, 2012. Disponível em: <repositorio.ul.pt/bitstream/10451/8811/1/ulfl137065_tm.pdf>. Acesso em 12 de novembro de 2015.

BROSENS, Koenraad. "Tapestry: Luxurius Art, Collaborative Industry". In: BOHN, Babette e SASLOW, James M (eds.). A *Companion to Renaissance and Baroque Art*.Wiley-Blackwell, 2013, p. 295-315.

BUNES IBARRA, Miguel Ángel. "As tapeçarias de Pastrana e a expansão portuguesa no norte de África". In: MUSEU NACIONAL DE ARTE ANTIGA E FUNDACIÓN DE CARLOS DE AMBERES (ed.). – *A Invenção da Glória. D. Afonso V e as Tapeçarias de Pastrana*. Museu Nacional de Arte Antiga e Fundación Carlos de Amberes, 2010, p. 17-29.

CALVO, Margarita Garcia. Dos Tapíces flamencos "de Cruzadas" en la iglesia parroquial de Pastrana. *Goya Revista de Arte*. Nº 293, marzo-abril 2003, p. 81-90. Disponível em: https://www.uclm.es/ceclm/librosnuevos/2003octubre/doc_electronicos/

PDF_MARGA_CALVO_TAPICES_PASTRANA.pdf. Acesso em 1 de janeiro de 2016.

CAMPBELL, Thomas P. *Tapestry in the Renaissance: Art and Magnificence*. Nova York: The Metropolitan Museum of Art, 2002.

CAVALLO, Adolfo Salvatore. *Medieval Tapestries in the Metropolitan Museum of Art*. Nova York, The Metropolitan Museum of Art, 1993.

DELMARCEL, Guy. *Flemish Tapestry from the 15th to 18th Century*. London: Thames & Hudson, 1999.

DORNELLAS, Afonso de. "Elementos para o estudo histórico das tapeçarias de D. Afonso V". *Contemporânea*. Série 3, N°3, Jul.1926, p. 111-114. Disponível em: http://hemerotecadigital.cm-lisboa.pt/OBRAS/CONTEMPORANEA/1926/N3/N3_item1/P20.html. Acesso em 7 de fevereiro de 2016.

FORSYTH, William H. The Trojan War in Medieval Tapestries. The Metropolitan Museum of Art Bulletin 14(3): 76, October 1955, p. 76-84.

MUSEU NACIONAL DE ARTE ANTIGA E FUNDACIÓN DE CARLOS DE AMBERES (ed.). – *A Invenção da Glória. D. Afonso V e as Tapeçarias de Pastrana*. Museu Nacional de Arte Antiga e Fundación Carlos de Amberes, 2010.

SMITH, Jeffrey Chipps. Portable Propaganda – Tapestries as Princely Metaphors at the Courts of Philip the Good and Charles the Bold. *Art Journal*, vol. 48, n°2, Images of Rugel: Issues of Interpretation (Summer, 1989), p. 123-129. Disponível em: <http://www.jstor.org/stable/776961>. Acesso em 5 de janeiro de 2016.

SOUCHAL, Geneviève. *Masterpieces of Tapestry from the fourteenth to the sixteenth century*. Nova York: The Metropolitan Museum of Art, 1973.

Diálogos do Infante D. Pedro com os Clássicos Medievais
Terezinha Oliveira[1]

O objetivo deste texto é refletir sobre diálogos que o Infante D. Pedro (1392-1449) trava com autores da Antiguidade e da Idade Média na obra *Virtuosa Benfeitoria*. Por meio desses diálogos, o Infante se propõe a aconselhar seu irmão, D. Duarte, com vistas a torná-lo um governante virtuoso. De acordo com as palavras do autor, é preciso 'tirar proveitoso' dos autores do passado para que, com seus exemplos e conselhos, os erros do passado não sejam cometidos no presente. No conjunto da obra, o infante aconselha seu irmão de que modo um governante virtuoso deve se relacionar com todos os seus súditos, desde os mais humildes até os nobres. No limiar entre um Portugal medieval e um Estado se preparando para a modernidade, D. Pedro recupera as lições de Aristóteles, Sêneca, Santo Agostinho, Tomás de Aquino, para evidenciar que o rei precisa agir com prudência, força e virtude, pois, somente possuindo estas características, poderá conduzir os súditos e as instituições com vistas ao 'bem comum'. Assim, nosso propósito é indicar que

---

1 Professora da Universidade Estadual de Maringá [DFE/PPE/EDUEM] Pesquisa Financiada pelo CNPq – PQ-1D

sua obra espelha o quão relevante era para o Infante D. Pedro o conhecimento da história para que o governante conduzisse o reino português com vistas às mudanças que a época exigia.

Ao nos permitir identificar a relevância da história, a análise da *Virtuosa Benfeitoria* permite-nos também evidenciar dois aspectos que consideramos extremamente expressivos para os nossos campos de atuação, o da história e o da história da educação no período medieval. O primeiro refere-se à importância da obra como fonte, como memória e como 'monumento' de preservação cultural de um projeto de sociedade da qual ela estava prenhe. O segundo vincula-se ao sentido de virtude que acompanha toda a obra e, por conseguinte, o quão significativo, do ponto de vista de D. Pedro, que o governante seja uma pessoa instruída e justa, ou seja, virtuosa. Essas duas perspectivas presentes no diálogo de D. Pedro com os clássicos acompanharão nossas formulações neste trabalho.

Sob o primeiro viés, é preciso observar que nosso entendimento de fonte não se restringe a algo estático, produzido por homens de outros tempos que não o nosso. Ao contrário, ainda que o documento/monumento/imagem seja de um passado distinto do nosso cotidiano, seguimos a ideia de que o que foi preservado possui vida, se desloca e influencia nos caminhos do presente. Nestes sentido, ganha a relevância o pensamento de Mendes (2011) quando nos alerta para o fato de que:

> [...] as fontes não foram produzidas como fontes. Num primeiro momento, fizeram parte da história, foram produzidas para atender a determinadas finalidades; somos nós, estudiosos das questões relativas ao passado, que as transformamos em fontes de pesquisa. Os materiais, que transformamos em fontes e documentos, foram elaborados para diferentes finalidades e com motivações distintas. Uma lei emanada do Estado, um poema, um texto filosófico, um quadro ou uma escultura, uma peça de mobiliário ou vestuário, uma

carta, uma reportagem, um depoimento, a descrição de uma localidade, de uma sociedade, de uma paisagem, tudo isso nasce como elemento da vida humana. Posteriormente, pela ação dos próprios homens, são convertidos em fontes (MENDES, 2011: 205-206).

Exatamente por concordamos com o entendimento de fonte apresentado pelo autor que consideramos a obra *Virtuosa Benfeitoria* como uma fonte para o estudo da história, pois nela encontramos a ideia de que as ações do governante não podem ser frutos do acaso, mas carregadas de responsabilidades e planejamentos cujos resultados convirjam para o bem comum dos governados, no caso do período de D. Pedro, os súditos; no nosso tempo, os cidadãos.

Ainda sob o primeiro aspecto, a análise da obra nos permite a recuperação da memória histórica na medida em que possibilita apreendermos como uma pessoa singular, o autor, por possuir cultura, erudição e encontrar-se envolvido com os rumos políticos do seu tempo, inquietou-se com o conjunto da sociedade e apresentou um projeto de ação do governante que visava a totalidade das pessoas que participavam da sociedade. Sob este ângulo, recuperamos Halbwachs, em *Memória Coletiva*, quando salienta que "[...] é porque na realidade nunca estamos sós. Não é necessário que outros homens estejam lá [...] porque temos sempre conosco e em nós uma quantidade de pessoas que não se confundem" (HALBWACHS, 1990: 25). Com efeito, ainda que a obra de D. Pedro fosse intencionalmente escrita e dirigida ao rei D. Duarte (1391-1438), seu irmão, os conselhos apresentados nela, se aceitos e praticados pelo rei, alcançariam todos. Logo, não se tratava de um projeto de poder individual, mas de um para o conjunto da sociedade.

O terceiro ponto do primeiro aspecto, no qual associamos a obra a um monumento, diz respeito à relevância da obra como literatura e marco cultural da língua e da literatura portuguesas no outono do medievo. Segundo Frade, a obra se caracteriza como "[...]

o primeiro tratado de filosofia e política moral e ético escrito em língua portuguesa, esta obra tinha uma intenção didática de fundo laico, na medida em que se destinava a ser um texto de orientação de conduta para um príncipe" (FRADE, 2011: p. 106). Para a autora, trata-se de uma obra de cunho filosófico que apresentava, na sua essência, um conjunto de conselhos que deveriam mapear as ações do rei.

Saliente-se que D. Pedro, também conhecido como Duque de Coimbra, era um estudioso dos autores da antiguidade e do medievo, como Sêneca, Cícero, Agostinho, Tomás de Aquino, e alguém que conhecia as entranhas do poder. Tinha consciência de como eram as teias que desenhavam os interesses dos segmentos sociais que viviam nas imediações da corte, particularmente os membros da nobreza. Assim, conhecia na prática os conselhos que dirigia ao seu irmão de uma perspectiva teórica.

Ainda de acordo com Frade (2011), *A Virtuosa Benfeitoria* evidencia que D. Pedro pretendia que o rei agisse sempre com 'boa ordenança'. Encontra-se na obra

> [...] diversas referencias que nos permitem identificar outras influencias, como Cicero, Boecio, Aristoteles ou ate a Biblia, Santo Agostinho ou Sao Tomas de Aquino. Atraves deles, D. Pedro disserta nao apenas sobre o valor dos beneficios, mas tambem sobre politica, justica, educacao, as responsabilidades da realeza ou a vida espiritual, por exemplo (FRADE, 2011: 107).

A obra é, pois, um conjunto de preceitos que convergem para os pontos apontados no primeiro aspecto da nossa exposição, ou seja, a análise da obra como fonte, memória e monumento que nos possibilitam afiançar que o escrito de D. Pedro, efetivamente, é-nos de grande importância para o estudo da história e da história da educação no medievo já que a sua escrita nos revela o quão os seus conselhos estavam imbricados no conhecimento da escolástica, na prática política e propunha ações de 'benfeitoria'.

A Virtuosa Benfeitoria

O ponto de partida da *Virtuosa Benfeitoria* é a ordenança para o bem. A clareza com que o autor estabelece este projeto advém do conhecimento que ele possuía dos autores antigos, conforme já observamos. A proposta de D. Pedro era norteada pela ideia de virtuosidade, portanto, não concebia um rei que não possuísse sabedoria e virtude. Esse governante seria também o exemplo para a sociedade. O conjunto dos livros que compõe a obra traz à baila a preocupação em mostrar o quanto as atitudes do governante devem ser exemplos para os demais homens. A ideia central é a de que se o rei pode conceder benefícios aos seus súditos e estes, por seu turno, devem estar aptos a serem bons receptores ou bons recebedores, como ele afirma. Todavia, a benfeitoria não é única e exclusivamente ação do príncipe, mas de todos os homens, uma vez que toda pessoa possui a condição de inteligência e é capaz de, por seus atos, produzir 'benfeitoria' ao outro.

> Sempre a nobre uoontade traz consigo deseio, para bem fazer prestando a outrem. E sentindo que he obrigada depoer em obra o bem que lhe per outrem he de fora mostrado, conheçe que he theuda de acabar a perffeyçom a que a enclina sua natureza. [...] Toda perssoa que he obrigada pera possuyr uirtudes, he neçessariamente theuda, a usar de seus auctos segundo requere seu stado e abrange seu poder. E pois nos somos obrigados per precepto pera amar deos e os prouximos mostrasse que lhe deuemos benquerença, da quall se segue o aucto da benffeyturia, de que somos theudos a usar com aquelles que o am mester. A ij razom he esta. Cada hua cousa he theuda a fazer aquello que a su uirtuosa natureza requere. E segundo

diz o philosopho toda anymalia ama a que ella he semelhante (D. PEDRO, 1981: 576-577).

Logo, a virtude e a disponibilidade para o bem não são prioridades do governante, mas de todos que convivem em comunidade, ou seja, de todas as pessoas que vivem em sociedade. Retomando Aristóteles, D. Pedro destaca que, se os homens são semelhantes uns aos outros, para existirem, devem amar ao seu igual/próximo, portanto, a benfeitoria seria a expressão deste amor em ato.

O entendimento de 'benfeitoria' como princípio de bem comum é uma ideia difundida na Idade Media. No entanto, ela está associada a uma das três virtudes teologais. Assim, se em Aristóteles a virtude do bem se encontra vinculada à vida em comum, na Idade Média, a vida em comum, por seu turno, exige dos homens uma virtude teologal essencial, que é a caridade.[2] Em *Centúrias sobre a Caridade*, de São Máximo, encontramos que "são obras de caridade o fazer bem ao próximo por boa disposição, a longanimidade, a paciência e o uso de todas as coisas com intenção reta" (SÃO MÁXIMO, 2003: 60-61). As relações entre as pessoas que visam auxiliar o próximo foram definida por São Máximo como caridade. Mais, nele a virtude da caridade encontra-se associada à retidão de espírito, portanto, das ações humanas. Na verdade, podemos aproximá-lo, nesta perspectiva, da ideia de hábito de Aristóteles, o qual define na Ética a Nicômaco que as práticas humanas são boas ou más em decorrência do hábito de fazê-las. Em Tomás de Aquino, na *Suma de Teologia*, o princípio da vida em comum pressupõe, da mesma forma, a prática da virtude da caridade. E, retomando o Filósofo, apresenta-a, como o fará D. Pedro, dois séculos depois.

> Segundo Aristóteles, não é qualquer amor que realiza a noção de amizade, mas somente o amor da benevo-

---

[2] Nossas reflexões sobre a caridade foram desenvolvidas no artigo *O Ensino da Caridade: um virtude para o bem comum sob o olhar de Tomás de Aquino*. Notandum, Ano XII, set.-dez, p. 1-12, 2009.

lência, pelo qual queremos o bem daquilo que amamos e, antes, queremos para nós o bem que há neles, quando, por exemplo, dizemos amar o vinho ou o cavalo etc. não há o amor de amizade, mas um amor de concupiscência. Pois seria ridículo dizer que alguém tinha amizade pelo vinho ou pelo cavalo. Entretanto a benevolência não é suficiente para se constituir em amizade; é preciso que haja reciprocidade de amor, pois um amigo é amigo de seu amigo. Ora, essa mutua benevolência é fundada em alguma comunhão.

Logo, já que há uma certa comunhão do homem com Deus, pelo fato que ele nos torna participantes de sua bem-aventurança, é preciso que uma certa amizade se funde sobre esta comunhão. É a respeito dela que se diz na primeira Carta aos Coríntos: "É fiel o Deus que vos chamou a comunhão com o seu Filho". O amor fundado sobre esta comunhão é a caridade (TOMÁS DE AQUINO, 2004: p. 294, grifo nosso).

Para o mestre Dominicano, é preciso que os homens possuam amor em relação às coisas desejadas e, sobretudo, no que diz respeito aos homens em geral. É este amor que Tomás define como caridade e que D. Pedro designa como 'virtuosa benfeitoria'. Assim, é possível estabelecer vínculos entre os conceitos de *bem* em Aristóteles, de *caridade* em São Máximo e de *benfeitoria* em Tomás de Aquino.

No entanto, é preciso observar que o Infante D. Pedro, ao definir benfeitoria como virtude, o associa a sabedoria. Ele afirma, inclusive, que ela é proveniente desta. Por conseguinte, é preciso conhecer para ser capaz de praticar a benfeitoria ao próximo. Mais, esta benfeitoria, que poderíamos também definir como bem, é proporcionada ao 'outro', de acordo com o que sabemos e com a condição que cada um ocupa em uma dada relação social. Exatamente por isso, o príncipe deve ter ciência que todos os seus atos devem promover benfeitoria aos seus súditos e os demais homens deveriam ter consciência que seus atos gerariam no 'outro' uma dada reação.

A benfeitoria, portanto, revela que a vida em sociedade é uma relação de circularidade, na qual as pessoas, ao praticarem o bem a outrem, potencialmente, também poderiam receber o bem. Para D. Pedro, as relações humanas estariam baseadas em um fio de *fidei* compromisso, para o qual existiria sempre uma ação de bem que convergiria para outra ação de bem. Isso fica explícito no exemplo que ele apresenta das relações entre filhos e pais e entre alunos e mestres.

> [...] E assy o padre outorga ao filho su substançia sobre o que he fundado todo bem que elle pode fazer. E aquella natureza he beneffiçio do geerador. E porem pois que nenhuu da a outrem per modo de beneffiçio o que he seu. E as substancias dos filhos som dos geeradores seguesse que os filhos e todallas cousas que a elles pertencem som benffeyturiasdos padres (D. PEDRO, 1981: 580).

Para D. Pedro, ao cuidarem dos filhos, os pais dão a eles benefícios que os tornarão também pessoas capazes, potencialmente, de promover benefícios a outrem. Logo, as relações entre os homens comuns, tal como as relações entre o príncipe e os súditos, se promovidas por meio do benefício, possibilitariam uma sociedade com 'certa' harmonia. Assim, todas as práticas sociais teriam por princípio o bem, a caridade, por conseguinte, resultaria em benfeitoria. Nesse sentido, é visível a proximidade desta concepção de sociedade com as propostas de Aristóteles (1985) na Ética a *Nicomaco* e de Tomás de Aquino (1997), sobretudo no *Do Reino ou Do Governo dos Príncipes ao Rei de Chipre*. A proposta de D. Pedro, imbuída do 'espirito' de bem que já fora consagrado em dois tempos históricos anteriores e distintos[3], poderia nos levar a pensar que ela seria utópica e proveniente da 'mente' de um filósofo igualmente utópico. Contudo, é preciso considerar que o autor foi regente do reino por nove anos, logo, como já mencionamos, tinha a vivência prática da política.

Esse discernimento é evidente quando, no quinto livro da obra, D. Pedro reflete sobre os vícios humanos. Ele inicia o livro destacando o quanto as pessoas desejam o que o outro possui, ou seja, o quanto invejam o bem do outro. "E portanto quem tem molher graciosa, nom deixa porem de poer seu desejo em outra que tenha mayor fremosura. E andando uestido de panos prezados nom tira cobyça dos que lhe mais prazem. E como famynto abre sua boca, pera ser prestes de rreçeber o que lhe faleçe e desejado" (D. PEDRO, 1981: 738).

Para D. Pedro, o homem pode possuir algo igual ao do vizinho, mas, ainda assim, desejará o que o outro possui. Segundo D. Pedro, este é um mal recebedor e o príncipe precisa acautelar-se em relação a ele, pois sempre desejará mais do que possui e nunca ficará saciado. Esse mesmo princípio já fora apresentado por São Máximo como uma característica do homem que representava o mal à sociedade, uma vez que se constituía em impeditivo para se alcançar a salvação. "Se *o amor do próximo não faz o mal*, quem inveja o irmão e se entristece pela sua boa fama, e com escárnio

---

3   Sob este aspecto, de conservação do passado, do conhecimento e da tradição, nos escritos de D. Pedro, consideramos relevante retomarmos a ideia formulada por Le Goff, no texto *Passado/Presente* quando observa que os indivíduos sempre tem necessidade do passado: "Os indivíduos que compõem uma sociedade sentem quase sempre a necessidade de ter antepassados: é esta uma das funções dos grandes homens. Os costumes e o gosto artístico do passado são muitas vezes adotados pelos revolucionários. A cronologia mantém-se essencial para o sentido moderno, histórico, do passado, pois que a história é uma mudança orientada. Coexistem cronologias históricas e não-históricas, e temos de admitir a persistência de formas diferentes de sentido do passado. Nadamos no passado como peixes na água e não podemos escapar-lhes (Hobsbawm, 1972) (LE GOFF, 2003: 218).

lhe mancha a reputação ou de qualquer outra maneira lhe estende insídias, como não se tornará estranho à caridade e réu do juízo eterno?" (SÃO MÁXIMO, 2003: 63-64, grifos do autor). Para os dois autores, a inveja traz o mal para a sociedade porque promove a desarmonia entre os homens, logo, é o oposto do bem.

Prosseguindo as reflexões sobre a inveja, o Infante destaca que ela é grave e o príncipe não deve dar benefícios para aqueles que cobiçam as coisas alheias e desejam para si tudo o que o outro possui.

> E portanto diz seneca em huma espistulla, que o mais pequeno e mais ligeyro caminho pera homem seer rryco, he desprezar as rriquezas. Esta desordenança de apetito aos squyuaremos, conhecendo que he grande mal, teermos cobyça ao que tito nos squyauremos, conhecendo que he grande mal teermos cobyça ao que possuymos. E peyor he desejar o que outrem tem. E muyto peyor falsamente requerer o que outrem com dereyto traz em sua posse (D. PEDRO, 1981: 241).

Esta passagem é significativa para pensarmos o projeto de bem comum de D. Pedro, pois, caso 'cobiçar' o que outro possui dificilmente a pessoa olha para aquilo que se encontra em sua posse. Outro aspecto da passagem que devemos considerar na proposta de bem é quando, retomando Sêneca, chama a atenção para a importância da humildade.Além da inveja, os homens podem possuir outros vícios que também são muito graves para o reino. Ele destaca a indiscrição. "E o primeyro rramo he chamado indiscreçom, de que usam muytos ao tempo presente, e nom sguardando que antre desuayrados errores, dos que uiuem sem rrazoado conselho [...] (D. PEDRO, 1981: 740). Para D. Pedro, os indiscretos não podem receber benefícios porque não permitirão que estes benefícios causem bem a outros. Mais uma vez retomamos São Máximo, para evidenciar a proximidade das formulações do Infante com questões tratadas por autores da Idade Média.

> 58. Não dês ouvidos à língua do caluniador nem dês língua ao ouvido do maledicente, falando ou escutando voluntariamente contra o próximo, para que não te exiles da caridade divina nem sejas excluído, assim, da vida eterna.
>
> [...]
>
> 60. Cala a boca a quem calunia aos teus ouvidos, para que não peques junto com ele com duplo pecado, habituando-te a ti mesmo a tão funesta paixão e não impedindo aquele de falar contra o próximo (SÃO MÁXIMO, 2003: 64).

A formulação de São Máximo é explicita: não prejudica o bem comum somente aquele que calunia, mas também o que empresta o ouvido ao caluniador, pois comete duas vezes mais 'mal' do que o outro. Primeiro, porque ouve e permite a divulgação da maledicência e, ao ouvir, possibilita que o primeiro cometa o mal, pois dá a ele a voz. Desse modo, aquele que narra uma calúnia faz o mal e aquele que ouve, duplica o mal. Se para o autor das *Centurias...*, o mal está dado na própria narrativa, para D. Pedro, este vício também se caracteriza como prejuízo à virtuosidade na sociedade porque os indiscretos possuem também o vício do egoísmo porque pensam somente em si próprios.

Logo, os benefícios do reino não podem ser dados a qualquer pessoa, mas somente àqueles que possam receber e fazer 'uso' destes para o bem, ou seja, para as pessoas que possuam virtudes ou, como ele afirma, sejam bons. Por isso o autor indica ao príncipe quais as características desses súditos. "E sguardaremos qual he o boo mesteyroso, simprez, discreto, gracioso, sisudo, nom enueioso do alheo, nem auarento do seu. E pois a uenturya lhe nom deu beneffiçios, leixando a nos que lhe acorrêssemos, piadosamente oolharemos por ele [...]" (D. PEDRO, 1981: 241).

Somente as pessoas que possuem predisposição para o bem, que não sejam invejosos e ajam, efetivamente, com vistas ao bem, são merecedores de receberam os benefícios do príncipe, pois serão capazes de promoverem mais benefícios na sociedade e, com isso, produzir o bem comum por meio de suas ações. Assim, é preciso cuidado em relação aos benefícios para que estes não sejam perdidos. "Destes uiçiosos modos nos guardaremos, por nom serem perdidos os beneffiçios ante que sse façam[...]". (D. PEDRO, 1981: 740-742).Acerca de possíveis perdas do 'dom' do benefício é preciso destacar um aspecto importante em relação à ação do príncipe. Segundo D. Pedro, nos benefícios que envolvem coisas materiais, as perdas não são tão graves, pois, quando se percebe que a pessoa não é um 'bom' recebedor, é possível recuperar este benefício. Com efeito, ainda que possam causar problemas, as doações não são irreversíveis. Contudo, quando a benfeitoria envolve o que entendemos como funções administrativas e cargos políticos, quando são dados às pessoas que não visam o bem, seria melhor que o benefício não fosse dado, pois isso gera a ausência de bem na sociedade "E porem a benffeyturia que non he corporal, fica stauel e nom movediça, que ia se nom pode fazer, que este nom desse, e aquelle nom rrecebesse" (D. PEDRO, 1981: 739-740).

Esta diferenciação que D. Pedro estabelece acerca das duas naturezas de 'dons' é bastante relevante para entender o projeto de sociedade defendido pelo autor. Do seu ponto de vista, quando a 'benfeitoria' refere-se aos bens materiais, elas podem ser recuperadas, mas quando se referem às funções políticas, os prejuízos são irreversíveis, uma vez que, de antemão, as ações praticadas por estas pessoas atingem o conjunto das pessoas que compõem o reino. Logo, o príncipe precisa ter muita sabedoria e virtude para saber a quem distribuir as benfeitorias materiais e as políticas.

Considerações Finais

Para mim, historiadora da educação, a recuperação da obra *Virtuosa Benfeitoria*, do Infante D. Pedro, é de fundamental relevância para os tempos que correm, pois depreendemos do seu projeto de sociedade ou, poderíamos também denominar de projeto de governança, um empenho imenso para que os homens que compõem a sociedade, na qual ele se insere como intelectual, pensem e pratiquem as suas ações com vistas ao bem comum. O bem de todos é o primeiro motor da sua obra. Exatamente por pensar assim é que aconselha que o príncipe aja com muita atenção, que governe com sabedoria, que não se deixe levar por falsos conselheiros, que não faça doações de 'bens' àqueles que não comunguem com os interesses de todos, que às funções politicas sejam designadas pessoas com sabedoria e retidão de caráter. Além disso, que os interesses pequenos e mesquinhos não devam se sobrepor aos interesses do reino.

Outro aspecto que consideramos importante a ser recuperado da obra do Infante refere-se à relevância que o conhecimento do passado ocupa no seu projeto. Por isso, inclusive, que definimos o título do texto como um diálogo entre o seu livro e autores da Antiguidade e da Idade Média. D. Pedro recupera a história como fio condutor, recupera exemplos de pensadores destes dois tempos históricos para construir seus argumentos em prol do bem comum. Todavia, isso não significa que estejamos afirmando que os argumentos de D. Pedro para elaborar a sua obra/projeto estavam presos ao passado. Ao contrário, a obra nos fornece um grande exemplo de fazer a história, pois, ao mesmo tempo em que toma do passado os conselhos a serem dados ao príncipe, identifica, no presente, as mudanças que estão ocorrendo na sociedade e, em decorrência disso, orienta o príncipe a não perder de vista o 'novo' que está diante de seus olhos. As palavras de Le Goff, em uma de suas definições de história, nos permitem expressar o sentido do 'uso' da história em

D. Pedro e com elas encerramos nossas reflexões "A história, como o tempo que é a sua matéria, inicialmente parece ser contínua, mas ela também é feita de mudanças" (LE GOFF, 2015: 7).

Referências

ARISTÓTELES. *Ética a Nicômaco*. Brasilia: UnB, 1985

FRADE, M. M. L. O. L. *O imaginário feminino na Virtuosa Benfeitoria e sua mediação entre o Homem e o Paraíso*. Mirabilia12- Jan-Jun, p. 105-123, 2011.

HALBWACHS, M. *A memóriacoletiva*. São Paulo: Centauro, 2006.

Livro da Virtuosa Benfeitoria. In: ALMEIDA, M. L. *Obras dos Príncipes de Avis*. Porto: Lello & Irmão, 1981.

LE GOFF, J. Passado/Presente. In: LE GOFF, J. *História e Memória*. Campinas: Editora da Unicamp, 2003. p. 207-234.

LE GOFF, J. *A História deve ser dividida em pedaços?* São Paulo: Editora da Unesp, 2015.

MENDES, C. M. M. *A importância da pesquisa de fontes para os estudos históricos*. Acta Scientiarum. Education, Maringá,vol. 33, n. 2, p. 205-209, 2011.

SÃO MÁXIMO. *Centúrias sobre a caridade.*São Paulo: Landy Livraria Editora e Distribuidora Ltda, 2003.

OLIVEIRA, T. *O ensino da caridade: uma virtude para o bem comum sob o olhar de Tomás de Aquino*. Notandum. Disponível em: http://www.hottopos.com/notand18/ensincarid.pdf Acesso em: 02 jun. 2016.

TOMÁS DE AQUINO. *Do Reino e do governo dos príncipes ao rei de Chipre*. Petrópolis: Vozes, 1997.

TOMÁS DE AQUINO. A caridade em si mesma [II-II. Q. 23. a. 1]. In: TOMÁS DE AQUINO.*Suma Teológica* São Paulo: Ed. Loyola, 2004,vol. 5.

A IMAGEM DE UNIÃO DOS REIS CATÓLICOS E A RELIGIOSIDADE COMO ELEMENTO INDIVIDUALIZADOR DA FIGURA DE ISABEL A CATÓLICA (1474-1504)

Adriana Vidotte[1]

Introdução

O período dos Reis Católicos (1474-1504) apresenta-se como um marco na história da Espanha. Época especialmente intensa da vida política ibérica, o reinado de Fernando de Aragão e Isabel de Castela tem sido objeto de muitos estudos.[2] Desde o seu

---

[1] Doutora em História. Professora na Faculdade de História e no Programa de Pós-Graduação em História da Universidade Federal de Goiás e no Mestrado Profissional em História Ibérica da Universidade Federal de Alfenas. E-mail: adrianavidotte@gmail.com

[2] O interesse pelas figuras dos Reis Católicos – protagonistas de um reinado rico em acontecimentos políticos expressivos como a conquista do último reduto muçulmano da Península Ibérica, a expulsão dos judeus dos reinos castelhano e aragonês, e a Conquista da América – tem ocasionado a produção de estudos sobre os mais variados aspectos de suas vidas e de seu reinado. Desde sua própria época até os dias atuais, muito se escreveu sobre as suas figuras e seu reinado, o que torna impossível a apresentação de um balanço historiográfico em poucas linhas. Assim, destacamos apenas algumas referências fundamentais para o estudo dos Reis Católicos e seu tempo, publicadas a partir da segunda metade do século XX, como as obras de Tarcísio de Azcona, Luis Suárez Fernández, Cepeda Adán, Valdeón Baruque, Ladero Quesada, Maria Isabel Val

próprio período, e de maneira a se intensificar nos séculos seguintes, tem-se produzido um considerável número de obras sobre o reinado. As várias abordagens historiográficas realizadas em pouco mais de quinhentos anos contribuíram para o conhecimento do reinado, mas, também, para a formação e cristalização de imagens idealizadoras dos monarcas e do seu governo. A principal dessas imagens é a que apresenta a união perfeita entre os monarcas, e a decorrente união dos reinos de Castela e Aragão, e que foi expressa em diversos suportes: nos documentos régios, nas crônicas, nas moedas, nas esculturas e pinturas do período.

Isabel ascendeu ao trono castelhano em 1474, sucedendo ao seu irmão, Enrique IV (1454-1474), que morreu deixando apenas uma herdeira, Juana, acusada de ser filha ilegítima do rei por seus opositores, e então chamada de "a Beltraneja". Castela era um dos únicos reinos ibéricos que permitia a sucessão feminina na ausência de herdeiros do sexo masculino, o que garantiu os direitos de Isabel diante das reivindicações do seu marido, Fernando de Aragão, que pleiteava o trono por ser o último varão da dinastia Trastamara. O príncipe de Aragão era bisneto de Juan I de Castela (1379-1390) e neto de Fernando de Antequera, regente em Castela durante a menoridade de Juan II (1406-1454), pai de Isabel. Após um embate inicial, definiu-se que, juridicamente, o trono pertencia à princesa, mas foi garantida uma participação efetiva do príncipe de Aragão em Castela. Juntos, Fernando e Isabel estabeleceram naquele reino o que foi mais tarde chamado de uma "diarquia", consolidada pelo trabalho conjunto dos monarcas e pela propagação de uma imagem de sólida união entre ambos.[3]

Valdivieso e Cristina Segura Graíño – obras elencadas nas referências bibliográficas.

3   Não é o propósito deste trabalho discutir as possibilidades de unidade dos reinos ibéricos a partir da união dinástica produzida com o matrimônio de Isabel e Fernando. Sobre o assunto pode-se consultar, entre outros, Sesma Muñoz (2007).

El Rey e la Reyna: imagens de união e igualdade

As imagens de perfeita igualdade e harmonia entre Isabel e Fernando foram divulgadas durante todo o reinado por diversos meios, como cartas, pragmáticas, crônicas, esculturas, pinturas e moedas. Buscando exteriorizar um equilíbrio perfeito, os documentos oficiais sempre utilizavam fórmulas como "*el rey e la reyna hicieron*", "*el rey e la reyna acordaron*". Isso havia sido acordado antes mesmo do casamento de Isabel e Fernando, figurando como um dos itens das capitulações matrimoniais firmadas por Fernando em Cervera, em janeiro de 1469, e confirmadas por seu pai, Juan II de Aragão, cinco dias depois, em Saragoça:

> que em todos os privilégios, cartas e outras quaisquer escrituras que houverem de se escrever, fazer e enviar, assim por ela como por nós, juntamente sejam firmadas e se firmem de maneira que todas sigam firmadas pelas mãos de ambos os dois, e que na titulação desses ditos Reinos e Senhorios nós e ela juntamente nos intitularemos, e da mesma forma nos outros Reinos e domínios que nós temos e teremos.[4] (CAPITULACIONES: 236-237)

Em conformidade com a imagem conjunta dos monarcas, os cronistas procuraram apresentar em suas narrativas os Reis lado a lado em diversas atividades no reino, e, quando impossível, apelavam para a fórmula "uma só vontade morando em dois corpos".

---

[4] *que en todos los privilegios, cartas y otras qualesquier escrituras que se ouieren de escribir, fazer y embiar, assí por ella como por nos, juntamente se ayan de firmar e firmen por manera que todas vayan firmadas por mano de amos a dos, e que en la intitulación dessos dichos Reynos y Señorios nos y ella juntamente nos hayamos de intitular, e assí mesmo en los otros Reynos y domínios que nos acá tenemos e ternemos.* Traduções da autora e texto original no rodapé.

Nesse sentido, a *Crónica de los Reyes Católicos* de Fernando del Pulgar[5] é exemplar:

> Coisa foi por certo maravilhosa e de grande exemplo; porque o senhorio raras vezes consente companhia sem que haja divisão e discordia [...] Porque muitas vezes era necessária a presença de um em algumas partes e a do outro em outras, para prover nelas o que ocorria e era necessário; o qual se fazia de tal maneira que, ainda que a necessidade tinha separadas as pessoas, o amor mantinha juntas as vontades.[6] (CrRC:vol. I, 74)

Fernando del Pulgar seguia a fórmula de imagem conjunta de tal forma que lhe foi atribuído ter noticiado o nascimento da princesa Maria assim: "no dia tal a tal hora pariram os reis nossos senhores ...". Esta anedota, mesmo que pouco provável, ilustra bem a fidelidade do cronista oficial ao programa propagandístico dos Reis. A ideia de dois corpos abrigando uma só vontade foi amplamente divulgada por outros cronistas castelhanos do período, como Diego de Valera e Andrés Bernaldez, e também por outros escritores posteriores, como Alonso de Santa Cruz. Este último, cronista da época de Carlos V, destacou em sua *Crónica de los Reyes Católicos:*

> De maneira que parece havê-los criado Deus juntos para que vivessem juntos e governassem juntos, como

---

5   Para evitar as discrepâncias entre as datas de elaboração da obra e da sua publicação, utilizaremos nas referências a forma abreviada CrRC para *Crónica de los Reyes Católicos* e a primeira palavra do título das outras fontes, sem indicação do ano da publicação.

6   *Cosa fué por çierto maravillosa e de gran exenplo; porque el señorío rraras vezes consente conpañía sin que aya diuisión e discordia. [...] Porque muchas vezes era neçesaria la presençia del vno en vnas partes e la del otro en otras, para proueer en ellas lo que ocurría e era neçesario; lo qual se hazía de tal manera, que avnque la neçesidad tenía apartados las personas, el amor tenía juntas las voluntades.*

nas cartas e privilégios. E ainda que em dois corpos, em vontade e amor um só.[7] (CrRC: 305)

No mesmo sentido que os cronistas castelhanos, escrevia, em 1488, Pedro Mártir de Anglería, humanista italiano da corte dos Reis Católicos, encarregado de escrever a história latina do reinado, em cartas aos seus conterrâneos:

> O Rei e a Rainha são consortes que governam as duas Espanhas com perfeita justiça ... posso, graças a estes dois meses de experiência, assegurar que se alguma vez se colocou em discussão a possibilidade de que entre os mortais dois corpos estiveram animados por um só espírito, são estes efetivamente, pois estão regidos por um só pensamento e uma só alma.[8] (Epistolário, I)

São muitos os exemplos encontrados nos escritos do período, o que revela a amplitude do projeto de divulgação de uma imagem conjunta dos Reis Católicos. Deve-se considerar que a crônica histórica dos séculos XV e XVI é um texto narrativo que, escrito com a intenção de verdade, tinha o objetivo de perpetuar a memória de um reinado, legitimar seus promotores e oferecer exemplos para a sociedade política (GUIMARÃES, 2012: 70). Os cronistas, que estavam a serviço da realeza, registraram a história do reinado enfatizando a imagem conjunta dos Reis Católicos como exemplo a ser seguido pelos súditos castelhanos e aragoneses. O alvo des-

---

7   *De manera que parece averlos criado Dios juntos para que viviesen juntos y governasen juntos, como en las cartas y privilegios. Y aunque en dos cuerpos, en voluntad y amor uno solo.*

8   *El Rey y la Reyna son consortes que gobiernan las dos Españas con perfecta justicia ... puedo, gracias a estos dos meses de experiencia asegurar que si alguna vez se puso en discusión la posibilidad de que entre los mortales dos cuerpos estuvieron animados de un sólo espíritu, son estos effectivamente, pues están regidos por un sólo pensamiento y un sólo alma.* O texto se repete em três epístolas de 1488: Carta de 1 de janeiro a Ascanio Sforza-Visconti; Carta de 27 de fevereiro a Juan Borromeo e Carta de 23 de março a Pompônio Leto.

ses escritores, ao escrever a história do reinado dos Reis Católicos, eram os letrados, os homens da corte e, sobretudo, as nobrezas castelhana e aragonesa. Era para esses homens que a imagem de perfeita união e igualdade entre os monarcas deveria ser exemplar. E mais, eram esses os homens capazes de decifrar e interpretar os elementos inscritos nessas imagens construídas pelos cronistas.

A MOEDA COMO SUPORTE DE UMA IMAGEM DE UNIÃO

A união absoluta de Fernando e Isabel simbolizava-se também em palavras e figuras presentes nas moedas cunhadas durante o reinado. Um bom exemplo da atenção dada à divulgação dessas imagens por meio das moedas encontra-se em uma carta que Isabel a Católica enviou a Sevilha, em 28 de junho de 1475:

> Nos excelentes inteiros de uma parte os vultos do Rei meu senhor e o meu sentados em dois assentos os rostos em continente que se mirem um ao outro . e o vulto do Rei meu senhor tenha uma espada desnuda na mão . e o meu um cetro . com coroas nas cabeças . e diga nas letras ao redor dos ditos vultos . ferdinandus . et . elisabeth . dei graçia . Rex et Regina . castelle . legionis . e da outra parte uma águia daquelas que se representam são joão evangelista que tenha dois escudos debaixo das asas . debaixo da asa direita um escudo das armas de castela de castelos e leões . e debaixo da asa esquerda . outro escudo com as armas de aragão e sicilia e uma coroa encima de ambos os dois escudos que os alcance . e não seja muito alta a dita . coroa porque não ocupe muito o colo da dita águia . e as letras hão de dizer . ao redor destes ditos dois escudos sub . umbra . alarum tuarum protege nos.
>
> E dos ditos excelentes hão de se lavrar meios excelentes que hão de ter de uma parte dois meios rostos com suas coroas em continente que se mirem um ao outro .

e hão de dizer as letras ao redor destes dois meios rostros . quos deus coniunxit hominis non separet . e da outra parte hão de ter um escudo das armas de castela . de castelos e leões . com uma coroa encima e hão de dizer as letras ao redor do dito escudo ferdinandus et elisabeth Rex et Regina . Castelle e legiones et seçille . hão de se lavrar quartos dos ditos excelentes . nos quais hão de se colocar as figuras e armas e letras dos ditos meios . excelentes as que puderem caber.[9] (EL TUMBO DE LOS REYES CATÓLICOS: 83-84)

Fica claro que a moeda foi um suporte utilizado para a difusão da mensagem de união absoluta dos monarcas, e tinha um forte apelo propagandístico. A descrição das imagens e escritos, com todos os pormenores, revela a preocupação dos Reis com fórmulas perfeitas e intencionalmente projetadas para divulgarem uma ideia de união em todo o Reino.

9 Los exçelentes enteros de la vna parte dos bultos el vno del Rey m sennor y el otro mio asentados en dos sillas los rrostos en continente que se mire el uno al otro . y el bulto de lo dicho Rey mi sennor tenga vn espada desnuda en la mano. y el mio vn cetro . con coronas en las cabeças . y diga en las letras de enderredor de los dichos bultos . ferdinandus . et. elisabeth . dei graçia. Rex et Regina . castelle . legionis . e de la otra parte vn aguila de las que se figuran por santo iohan . evangelista que tenga dos escudos debaxo de las alas . debaxo de la ala derecha vn escudo de las armas de castilla de castillos e leones . e debaxo de la otra ala yzquierda . otro escudo con las armas de aragon e seçilia e vna corona ençima de amos a dos escudos que los alcance . e non sea muy alta la dicha . corona por que non ocupe mucho el cuello de la dicha aguila . e las letras han de dezir . enderredor destos dichos dos escudos sub . umbra . alarum tuarum protege nos.

Et de los dichos exçelentes se han de labrar medios exçelentes que han de tener de la vna parte dos medios rrostos con sus coronas en continente que se mire el vno al otro . e han de dezir las letras enderredor de estos dos medios rrostros . quos deus coniunxit hominis non separet . e de la otra parte han de tener vn escudo de las armas de castilla . de castillos y leones . con vna corona ençima e han de dezir las letras de enderredor del dicho escudo ferdinandus et elisabeth Rex et Regina . Castelle e legiones et seçille han se de labrar quartos de los dichos exçelentes . en los quales se han de poner las figuras y armas y letras de los dichos medios . exçelentes las que mas pudieren caber.

Os excelentes inteiros, a moeda maior e mais valiosa era a mais rica em detalhes: escritos, referências e insígnias. Na representação máxima do poder, de um lado da moeda, os Reis figuram entronizados e coroados. O trono, por garantir um lugar mais alto, de preeminência para o rei, era um meio de aludir à soberania real, ao passo que a coroa era um símbolo de distinção iconográfica do monarca. A igualdade entre os monarcas é rompida com as insígnias que ambos apresentam nas mãos: ela o cetro, ele a espada. Na concepção simbólica medieval, a espada expressava a função justiceira do monarca e o cetro era um importante símbolo político por aludir aos direitos sucessórios. Assim, a espada representava a participação de Fernando na justiça do Reino e o cetro constituía uma forma de objetivação da legitimidade política de Isabel, e simbolizava a continuidade dinástica.

Quanto aos meios e quartos excelentes, é interessante notar a ausência, no documento escrito, do escudo com as armas de Aragão e Sicília sob a coroa que se eleva somente sobre as armas de Castela. Isto talvez se justificaria pelo fato de que estas moedas eram menores que os inteiros e, neste caso, procurou-se preservar o lugar do escudo castelhano nas moedas do reino. Contudo, nas moedas cunhadas apresentam as armas de Aragão e Sicília. De qualquer forma, é inútil buscar indícios de separação ou desunião em um lado da moeda quando do outro se encontram os Reis acareados e ilustrados com a frase *o que Deus uniu o homem não separe.*

Para a cunhagem dos reais de prata, a Rainha seguiu os mesmos critérios de utilização das insígnias reais e de frases de grande efeito propagandístico:

> Nos reais de prata hão de colocar de uma parte um escudo com as armas de castelos e leões e encima uma coroa com a águia que o tenha abraçado . e hão de dizer as letras ao redor deste escudo . ferdinandus et elisabeth Rex et Regina castelle legiones . ou o que dis-

so couber . e da outra parte . há de haver outro escudo . das armas de aragão e de sicilia com letras que digam ao redor . dominus michi adjutor non timebo . quid façiad michi homo . ou o que disso couber .

E nos meios reais em uma parte um f . e um y . juntos com uma coroa encima e ao redor há de dizer . quos deus coniunxit homo non separet . ou o que disso couber . e da outra parte castelos e leões em cruz sem escudo e hão de dizer as letras ao redor ferdinandus et elisabeth . Rex et Regina castelle e legione e seçile . ou o que disso couber . nos quartos de reais hão de colocar de uma parte um f com uma coroa e da outra parte um . y . com uma coroa e hão de dizer as letras que alcancem a ambas partes quos deus coninxit homo . non separet . ou o que disso couber.[10] (EL TUMBO DE LOS REYES CATÓLICOS: 84)

Em relação aos excelentes, os reais apresentam poucas novidadesquanto aos emblemas utilizados, e nenhuma diferença quanto ao conteúdo simbólico. Volta-se a repetir o uso dos escudos com as armas de Castela, de Aragão e de Sicília, a águia protetora e a coroa. A novidade se apresenta nos meios e quartosreais: os escudos são

---

10 *En los rreales de plata se han de poner de la vna parte vn escudo con las armas de castillos y leones e ençima vna corona con el aguila que le tenga abraçado . e han de dezir las letras de enderredor desto escudo . ferdinandus et elisabeth Rex et Regina castelle legiones . o lo que mas dello pudiere caber . e de la otra parte . ha de haver otro escudo . de las armas de aragon y de seçilia con vnas letras que digan en derredor . dominus michi adjutor non timebo . quid façiad michi homo . o lo que dello pudiere caber .*
Et en los medios rreales en la vna parte vn efe . e una y . juntas con una corona ençima e en deredor ha de dezir . quos deus coniunxit homo non separet . o lo que dello copiere . e de la otra parte castillos y leones en crus sin escudo e han de dezir las letras en derredor ferdinandus et elisabeth . Rex et Regina castelle e legione e seçile . o lo que dello copiere . en los quartos de rreales han de poner de la vna parte vna efe con vna corona e de la otra parte una . y . con vna corona e han de dezir las letras que alcançen a amas partes quos deus coninxit homo . non separet . o lo que dello copiere.

substituídos pelas letras Y e F, sob a mesma coroa nos meios e coroadas separadamente nos quartos, para aludir às pessoas dos monarcas.

O reiterado uso das iniciais de *Ysabel* e *Fernando* nas moedas e nos edifícios públicos – como na imagem a seguir – levou a excessos nas interpretações de uma imagem de união perfeita entre os monarcas. A primeira letra do nome de *Ysabel* coincidia com a primeira letra da palavra *Yugo*, emblema de Fernando, e a inicial de *Fernando* coincidia com a de *Flechas*, emblema de Isabel. Embora provavelmente não passe de uma coincidência, serviu para realçar a união pessoal dos monarcas que de tão bem articulada e propagada acabou provocando a imaginação de seus intérpretes.

Capilla Real de Granada. Espanha.
Disponível em: http://msaculturaltours.com/ANDALUSIA2016/index.htm.

A RELIGIOSIDADE DE ISABEL A CATÓLICA: ELEMENTO INDIVIDUALIZADOR DA FIGURA DA RAINHA

Apesar do programa de difusão de imagens de perfeita união e igualdade entre os monarcas, as representações dos Reis Católicos refletiam elementos das personalidades dos monarcas e proporcionavam uma individualização de suas imagens. No caso de Isabel esse elemento era a religiosidade. Os cronistas exaltavam a Rainha como exemplo de mulher devota, piedosa e remetida a Deus em oração. As virtudes religiosas eram magnificadas na figura da Rainha, não merecendo destaque na figura do Rei, embora este também fosse considerado católico e defensor da fé. Na sua crônica, Fernando del Pulgar afirmava:

> Era muito católica e devota, dava esmolas secretas e em lugares devidos, honrava as casas de oração, visitava com vontade os mosteiros e casas de religião, aquelas que sabia que guardavam vida honesta, e dotava-as magnificamente.[11] (CrRC:vol. I, 77)

No mesmo sentido, em sua *História de los Reyes Católicos*, Andrés Bernaldez exaltava:

> quanto mais deve viver a memória e fama de Rainha tão cristianíssima que tanta excelência teve, e tantas maravilhas realizou e fez Nosso Senhor reinando ela em seus Reinos![12] (HRC: 722)

O cronista italiano Lúcio Marineo Sículo destacou a inclinação à oração, um hábito diário que a Rainha seguia com grande atenção e devoção. Segundo o cronista, Isabel

---

11 *Era muy católica e devota, fazia limosnas secretas e en lugares devidos, honrraba las casas de oração, visitaua con voluntad los monastérios e casas de religión, aquellas do conosçia que guardavan vida honesta, e dotáualas magnificamente.*

12 *¡cuánto mas debe vivir la memoria y fama de Reyna tan christianísima que tanta escelencia tuvo, é tantas maravillas obró é fizo Nuestro Señor reynando ella en sus Reynos!*

> Costumava todos os dias dizer todas as horas canônicas, além de outras devoções que tinha, e era tanta sua atenção, que se algum daqueles que celebravam ou cantavam os salmos ou outras coisas da Igreja errava alguma dicção ou sílaba, ela o sentia e notava, e depois, como mestre a discípulo o emendava ou corrigia.[13] (Apud: BALLESTEROS GAIBROIS, 1970: 128)

Fernando del Pulgar chega a apresentar a oração que, segundo ele, a Rainha fazia tanto em público como em privado:

> Tu, Senhor, que conheces o secreto dos corações, sabes de mim que não por via injusta, não com astúcia nem tirania, mas acreditando verdadeiramente que de Direito me pertencem estes reinos do rei meu pai, procurei os haver ... E tu, Senhor, em cujas mãos está o direito dos reinos, pela disposição de tua Providência me colocou neste estado real em que hoje estou, suplico humildemente, Senhor que ouças agora a oração de tua serva, e mostres a verdade, e manifestes tua vontade com tuas obras maravilhosas; porque se eu não tenho justiça, não tenha lugar de pecar por ignorância, e se a tenho, me dê sisudez e esforço para que com a ajuda de teu braço possa prosseguir e alcançar, e dar paz a estes reinos, que tantos males e destruições até aqui por esta causa há padecido.[14] (CrRC:vol. I, 116)

---

13   *acostumbraba cada día a decir todas las horas canónicas, además de otras devociones que tenía, y era tanta su atención, que si alguno de los que celebraban o cantaban los salmos u otras cosas de la Iglesia, erraba, alguna dicción o sílaba, lo sentía y notaba, y después, como maestro a discípulo se lo enmendaba o corregia.*

14   *Tu, Señor, que conoçes el secreto de los coraçones, sabes de mí que no por via ynjusta, no con cautela ni tirania, mas creyendo verdaderamente que de Derecho me perteneçen estos rreynos del rrey mi padre, he procurado de los aver ... Y tu, Señor, en cuyas manos es el derecho de los rreynos, por la dispusiçión de tu Providençia me as puesto en este estado rreal en que oy estoy, suplico humildemente, Señor que oygas agora la oración de tu sierva, y muestres la verdad, y manifiestes tu voluntad con tus obras marauillosas; porque si yo no tengo justiçia, no aya lugar de pecar por ynorançia, y si la tengo, me des seso y esfuerço para que con el*

Este é um bom exemplo do estilo humanista de Fernando del Pulgar, que, adotando como modelo Tito Lívio, buscava enriquecer sua obra com comentários, argumentações e discursos. Pulgar atribuía um papel proeminente às virtudes na vida política e sustentava que a busca da virtude era a única via adequada para a honra. Dessa forma, mobilizou elementos simbólicos na construção de uma imagem ideal e exemplar da Rainha Católica. A apresentação da oração da Rainha buscava, por um lado, indicar o forte fundo religioso do reinado e, por outro lado, apresentar a posição pessoal da Rainha Católica na condução da política do seu reino. Com o mesmo propósito, o cronista apresentava a Rainha agradecendo a Deus, com grande devoção, pelas vitórias e conquistas alcançadas durante o reinado, por meio de práticas religiosas formais e esplendorosas. É exemplar, nesse sentido, o relato de Pulgar sobre a atitude de Isabel ao receber a notícia da vitória de Fernando o Católico sobre Afonso V de Portugal, na guerra que o último fazia em Castela em defesa do partido de Juana, a Beltraneja:

> A Rainha, que estava em Tordesilhas ... logo mandou juntar o clero da vila, e fazer grande procissão; na qual foi a pé e descalça, do palácio real onde estava, até o mosteiro de São Paulo, que fica fora da vila; dando graças a Deus com grande devoção, pela vitória que havia dado ao Rei seu marido e às suas gentes.[15] (CrRC, vol. II: 218)

Pulgar apresenta a mesma reação de Isabel ao ser informada sobre a conquista da cidade de Loxa pelo exército castelhano durante a guerra de Granada.

---

15 *ayuda de tu braço lo pueda prosseguir e alcançar, e dar paz en estos rreynos, que tantos males e destruçyones fasta aqui por esta causa na padesçido. La Reyna, que estaua en Tordesillas ... luego mandó juntar la clerecía de la villa, e facer gran proçesión; en la qual fué a pié e descalça, desde el palaçio real do estaua, fasta el monasterio de San Pablo, que es fuera de la villa; dando graçias a Dios con gran devoçión, por la victoria que avía dado al Rey su marido e a sus gentes.*

> [A Rainha] logo mandou fazer uma procissão solene, na qual ela e a infanta dona Isabel sua filha, e todas as donas e donzelas de seu palácio foram a pé da igreja maior até a igreja de Santiago; e fez alguns sacrifícios e obras pias, e distribuiu esmolas para igrejas e mosteiros pobres. E rogou aos mosteiros algumas devoções, e às pessoas devotas que estivessem em oração contínua, rogando a Deus pela vitória do Rei e de sua hoste.[16] (CrRC,vol. II: 226)

As crônicas do período indicam que a Rainha organizava atos religiosos de grande alcance propagandístico que se difundiam no ambiente da guerra. Fernando del Pulgar, que esteve presente em diversos episódios da guerra de Granada, apresentou, em sua crônica, a Rainha na execução desses atos, como em 1485, quando foi informada da conquista cristã da cidade de Ronda:

> A Rainha ... mandou fazer procissões e grandes sacrifícios, dando graças a Deus por aquelas vitórias.[17] (CrRC, vol. II: 173)

Em outro episódio, o cronista informava:

> E... movida com devoção, propôs de lavrar com suas mãos alguns dos ornamentos necessários para aquela igreja ... que fundou no primeiro lugar que se ganhou nesta conquista.[18] (CrRC, vol. II: 24)

---

16   [La Reyna] luego mandó facer vna solepne proçesión, en la qual ella e la ynfanta doña Isabel su fija, e todas las dueñas e donzelas de su palaçio fueron a pie desde la iglesia mayor fasta la iglesia de Santiago; e fizo algunos sacrefiçios e obras pias, e repartió lismosnas a yglesias e monesterios pobres. E rogó a a monesterios algunas devoçiones, e dió a personas devotas que estouiesen en oraçión continua, rogando a Dios por la victoria del Rey e de su hueste.

17   La Reyna ... mandó facer proçesiones e grandes sacrefiçios, dando graçias a Dios por aquellas victorias.

18   E ... movida con devoçión, propuso de labrar con sus manos algunos de los ornamentos neçesarios para aquella iglesia ... que fundó en el primer lugar que se ganó en esta conquista.

No cenário da guerra, a preservação dos prédios conquistados, especialmente aqueles das mesquistas, para a transformação em igrejas é significativo. Esses edifícios podem ser considerados como um apelo visual que preservava a memória dos anos de luta, da submissão do infiel e da conquista cristã dos seus templos sagrados. É nesse espaço simbólico, na primeira igreja fundada no reino de Granada, que os acessórios feitos pela própria Rainha adquiriam um significado especial.

Estas atitudes da Rainha, narradas por seus cronistas, tinham um forte teor propagandístico no contexto de conquistas políticas e militares do reinado, e revelam a inclinação de Isabel pela formalidade e pelo esplendor das práticas religiosas. A representação da Rainha em oração conciliava harmoniosamente a função régia com suas virtudes religiosas. A forma mais acabada de apologia sobre esta matéria se expressou na carta que Pedro Martir de Anglería dirigiu à Rainha em 1488:

> É evidente que sob esta tua cobertura humana se escondem virtudes celestias. Isto é, altíssima senhora, o que se sente acerca de ti sem o menor indício de adulação.[19] (Epistolário, epist. 14).

A RELIGIOSIDADE DE ISABEL A CATÓLICA NA PORTADA DE UMA TRADUÇÃO DA *VITA CHRISTI*

São várias, portanto, as representações que destacam a religiosidade da Rainha e, para finalizar, gostaria de apresentar um exemplo sutil desse destaque. Trata-se da xilogravura que serve de portada em uma versão da *Vita Christi* de Ludolfo de Saxônia, traduzida pelo Frei Ambrosio de Montesino a pedido da Rainha Católica – que certamente apreciava a obra, pois sabe-se que chegou

---

19   *És evidente que bajo esa tu cobertura humana se esconden virtudes celestiales. Esto es, altísima señora, lo que siente acerca de ti sin el menor asomo de adulación.*

a encomendar quatro ou cinco versões da mesma no curso de uma década. Essa portada foi analisada por Daniel Rico Camps (2003), em um artigo em que o autor buscou ressaltar a figura de Isabel como principal agente no cultivo das artes e no florescimento das letras em Castela.

Ludolfo de SAJONIA. *Vita Christi*. Trad. de Ambrósio de MONTESINO, Alcalá de Henares 1502-1503. Portada.

A portada divide-se em duas partes. Na parte inferior encontra-se o brasão do reinado, com a águia de São João Evangelista protegendo um escudo coroado e divido em quatro partes, nas quais figuram as armas de Castela e Leão (na primeira e na quarta) e as armas de Aragão e Nápoles (na segunda e terceira). Ainda na parte inferior se encontram as informações sobre o título da obra e o nome do tradutor daquela versão. Na parte superior temos a representação da cena de entrega da obra aos Reis Católicos, e a esta parte limitaremos nossas observações.

Como bem destaca Daniel Rico Camps (2003: 249), à primeira vista, parece que os Reis estão retratados em perfeita paridade. Contudo, a observação atenta e a leitura dos gestos representados indicam o destaque dado à figura de Isabel, a partir da ênfase na religiosidade como um elemento da personalidade da Rainha. A imagem ilustra o momento em que ambos os monarcas recebem o livro das mãos de Montesinos,[20] mas o destaque da figura da Rainha se concretiza na representação dos gestos dos monarcas. Daniel Rico (2003: 250), observa que as mãos de Isabel indicam a recepção e a percepção da obra; a mão direita está indicando o livro, e a esquerda tem um gesto expressivo de *elocutio*. As mãos do Rei, por sua vez, indicam uma atitude substancialmente receptora do livro, como indica sua mão direita, e da expressão de sua esposa, como indica a mão esquerda. Por fim, a posição do livro na imagem indica que sua leitura estava ao alcance apenas da Rainha, que recebia a obra, e de Montesinos, que a entregava.

Essa portada ilustra bem como a religiosidade, sutilmente, distingue e individualiza a figura da Rainha Católica em imagens nas quais os monarcas são representados em harmonia e igualdade. Embora fiéis ao programa de construção de imagens de perfeita harmonia e igualdade entre os monarcas, e sem romper com essa proposta, as representações dos Reis Católicos revelam as características das personalidades dos monarcas, proporcionando a sua individualização. No caso de Isabel, esse elemento era, sem dúvida alguma, a sua marcante religiosidade.

Fontes

BERNALDEZ, Andrés. *Historia de los Reyes Católicos*. ed. Cayetano Rossel. In: Crónicas de los Reyes de Castilla, vol. III. Madrid: Atlas, 1953, p. 568-773 (Biblioteca de Autores Españoles, 70).

---

20 Martínez Ripol (1994) considera que, na imagem, quem oferece a obra aos Reis é o cardeal Cisneros; Montesino seria o frei representado ao lado.

Capitulaciones del matrimonio entre la Princesa Doña Isabel y Don Fernando, Rei de Sicilia, ajustadas en Cervera a 7 de enero de 1469, confirmadas por el Rey Don Juan de Aragón en Zaragoza a 12 del mismo mes y año. Apud: BALLESTEROS GAIBROIS, M. *Isabel de Castilla, Reina Católica de España*. 2 ed. Madrid: Editora Nacional, 1970, p. 234-241.

El Tumbo de los Reyes Católicos del Consejo de Sevilla. ed. R.Carande e J. M. Carriazo. 6v. Sevilla: Universidad Hispalense, 1929-1968.

MARTÍNEZ RIPOL, A. Cisneros *in figuris*: Del sueño del asceta al pragmatismo del politico. In: *Una hora de España. VII centenario de la Universidad Com plutense*. Madrid, 1994, p. 27-35.

MÁRTIR DE ANGLERÍA, Pedro. *Epistolário*. Ed. José Lopez de Toro. Madrid, 1953-1955.

PULGAR, Fernando del. *Crónica de los Reyes Católicos*. 2v. ed. Juan de Mata Carriazo. Madrid: Espasa-Calpe, 1943. (Colección de Crónicas Españolas, V-VI)

SANTA CRUZ, Alonso. *Crónica de los Reyes Católicos*. ed. Juan de Mata Carriazo. Sevilla: Escuela de Estudios Hispano-Americanos de Sevilla, 1951.

VALERA, D. *Tratado de las epístolas*. Madrid: Atlas, 1959 (Biblioteca de Autores Españoles, 116)

Referências bibliográficas

AZCONA, T. *Isabel la Católica*. Estudio crítico de su vida y su reinado. Madrid: Ed. Católica, 1964.

CEPEDA ADÁN, J. *En torno al concepto de Estado en los Reyes Católicos*. Madrid: CSIC, 1956.

GUIMARÃES, M. L. Crônica de um gênero histórico. *Revista Diálogos Mediterrânicos*, Curitiba, n. 2, p. 67-78, maio 2012. Disponível em: http://www.dialogosmediterranicos.com.br/

index.php/RevistaDM/article/view/23/65. Acesso em 06 de setembro de 2015.

MENENDEZ PIDAL, R. *Los Reyes Católicos y otros estudios*. Buenos Aires: Espasa-Calpe, 1962.

MIETHKE, J. Las ideas políticas de la Edad Media. Buenos Aires: Biblos, 1993.

NIETO SORIA, J. M. (dir.) *Orígenes de la monarquía hispánica: propaganda y legitimación*. Madrid: Dykinson, 1999.

PEREZ, J. *Isabel y Fernando. Los Reyes Católicos*. Madrid: Nerea, 1988.

RICO CAMPS, D. Imágenes del saber en tiempos de los Reyes Católicos. In: VALDEÓN BARUQUE, J. (ed.). *Arte y cultura en la época de Isabel la Católica*. Valladolid: Âmbito, 2003, p. 249-278.

RUCQUOI, A. (org) *Realidad e imagenes del poder*. Valladolid: âmbito, 1988.

SEGURA GRAÍÑO, C. Las mujeres en la epoca de Isabel la Católica. In: VALDEÓN BARUQUE, J. *Sociedad y economia en tiempos de Isabel la Católica*. Valladolid: Ambito, 2002, p. 183-201.

SESMA MUÑOZ, José Angel ¿Nueva Monarquía de los Reyes Católicos? In: RIBOT GARCÍA, Luis Antonio; VALDEÓN BARUQUE, Julio e MAZA ZORRILLA, Elena (coord.) *Isabel La Católica y su época*: actas del Congreso Internacional, Valladolid-Barcelona-Granada, 15 a 20 de noviembre de 2004, vol. 1, 2007, p. 685-694.

SUÁREZ FERNÁNDEZ, L. *Monarquía Hispana y Revolución Trastámara*. Madrid: Real Academia de la Historia, 1994.

SUÁREZ FERNÁNDEZ, L. Fundamentos del régimen unitario de los Reyes Católicos. *Cuadernos Hispano Americanos*, 238-240, 1969, p.176-196.

SUÁREZ FERNÁNDEZ, L. *Los Trastámaras y Los Reyes Católicos*. Madrid: Gredos, 1985.

SUÁREZ FERNÁNDEZ, L. *Isabel I. Reina*. Barcelona: Ariel, 2012.

SUÁREZ FERNÁNDEZ, L. Perfil humano de Isabel la Católica. *Humanitas: revista de antropologia y cultura cristiana*. Año 15, n. 60, 2010, p. 676-687.

SUÁREZ FERNÁNDEZ, L. Isabel, aquella infanta que llegó a reinar. *Cuadernos de investigación histórica*, n. 21, 2004, p. 1-30.

SUÁREZ FERNÁNDEZ, L. *Isabel, mujer y reina*. Madrid: Rialp, 1992.

SUÁREZ FERNÁNDEZ, L. *Los Reyes Católicos*:el camino hacia Europa. Madrid: Rialp, 1990.

SUÁREZ FERNÁNDEZ, L. *Los Reyes Católicos*:la expansion de la fe. Madrid: Rialp, 1990.

SUÁREZ FERNÁNDEZ, L. *Los Reyes Católicos*:el tiempo de la Guerra de Granada. Madrid: Rialp, 1989.

VAL VALDIVIESO, I. *Isabel I de Castilla* (1451-1504) Ediciones del Orto, 2004.

VAL VALDIVIESO, I; VALDEÓN BARUQUE, J. *Isabel la Católica, reina de Castilla*. Valladolid: Ambito, 2004.

VALDEÓN BARUQUE, J. (coord.) *Arte y cultura em la época de Isabel la Católica*. Valladolid: Ambito, 2003.

VALDEÓN BARUQUE, J. (coord.) *Vision del reinando de Isabel la Católica*: desde los cronistas coetaneos hasta el presente. Valladolid: Ambito, 2004.

RELÍQUIAS DE PRESTÍGIO: DA VERA CRUZ AO SUDÁRIO DE OVIEDO

Renata Cristina de Sousa Nascimento[1]

As relíquias são realidades materiais às quais se atribuem qualidades sobrenaturais, taumatúrgicas. São elementos simbólicos que possuem grande significado, valor e sentido próprio. Os crentes transferiam para estes objetos qualidades especiais, mágicas, funcionando como intermediários entre o mundo natural e o sobrenatural. "La creencia em relíquias implica aceptar la existência de seres y fuerzas sobrenaturales que puede actuar em el mundo." (CAPELÃO, 2011: 107). Para obter uma graça especial, como à cura da alma e do corpo eram feitas peregrinações aos locais que possuíam estas santos objetos. Estes fazem parte de um sistema de significados, são portadores de virtudes que garantem uma comunicação direta e concreta com o sagrado. Oferecem vitória e proteção, pois por serem portáteis poderiam ser levados aos campos de batalha.

---

[1] Doutora em História pela Universidade Federal do Paraná (UFPR) Participante do NEMED (Núcleo de Estudos Mediterrânicos- UFPR) Professora da Universidade Federal de Goiás, da Universidade Estadual de Goiás (UEG) e da Pontifícia Universidade Católica de Goiás (Mestrado em História). Este texto é parte do pós- doutoramento realizado na Universidade do Porto (2016), com patrocínio da Capes. E-mail- renatacristinanasc@gmail.com

Independente da aprovação do papado, a veneração aos objetos sacros proliferou-se enormemente. "Para a comunidade receptora, a chegada de uma relíquia era uma grande honra, representando o pertencimento de um determinado local à história cristã, sendo também fator de identidade religiosa para esta comunidade". (NASCIMENTO, 2015: 261).

Assim como os espaços sagrados, os objetos também são repositórios de memória, adquirindo valor ainda maior no campo do imaginário religioso, sendo testemunhos, mesmo que silenciosos, da existência física do personagem que representam. Entre estes, os fragmentos atribuídos a Cristo e aos santos eram, no contexto medieval, possuidores de grande prestígio. Segundo o *Martiriológio Romano*[2] é lícito venerar com culto público somente os servos de Deus que a autoridade da Igreja inscreveu no rol dos Santos ou dos Beatos. "As suas relíquias autênticas e imagens são objetos de veneração, na medida em que o culto dos Santos na Igreja proclama as maravilhas operadas por Cristo nos seus servos e oferece aos fiéis exemplos oportunos a imitar" (2013: 16). O objeto sagrado liga de maneira ativa o passado ao presente. Atualmente as relíquias católicas podem ser classificadas, de um modo geral em três tipos:

1º classe- Vestígios materiais relacionados à vida de Cristo, ou partes do corpo de um santo; Cada fragmento guarda a virtude do corpo integral.

2ª classe- Objetos que pertenceram a um santo, ou foram usados por ele.

3ª classe- Fragmentos que tiveram contato com relíquias de primeira ou de segunda classe.

---

2   O *Martirológio Romano* é um livro litúrgico que contém o elenco dos Santos e Beatos honrados pela Igreja Católica Romana. O nome sugere uma lista de mártires, mas na verdade inclui todo o santoral. (Ver. *MARTIRIOLÓGIO ROMANO*. Coimbra/ Viana do Castelo: Gráfica de Coimbra, 2013. p 5)

CLASSIFICAÇÃO

As relíquias católicas podem ser divididas em três tipos:

① Primeira Classe
Consistem de partes do corpo do santo ou bem-aventurado, ou objetos relacionados à vida de Jesus (como pedaços da cruz).

② Segunda Classe
Objetos que pertenciam ao santo ou foram usados por ele em vida, como roupas, terços, crucifixos e livros de oração.

③ Terceira Classe
São objetos (normalmente pedaços de pano) que tiveram contato com uma relíquia de primeira ou segunda classe.

Fonte: Redação. Infografia: Gazeta do Povo

Fonte: http://santossanctorum.blogspot.com.br/p/as-reliquias-dos-santos-culto-e.html

Devido a seu prestígio, os objetos associados à vida e a paixão de Cristo foram os que despertaram as mais intensas polêmicas. O reformador João Calvino (1509- 1564) foi um ferrenho crítico da adoração de relíquias, denunciando-as como falsificações sagradas. Em seu *Tratado das Relíquias*, ele conclama ao exame destes objetos, enfatizando sua natureza falsa e idólatra. Independente das críticas sua proliferação no seio da cristandade foi enorme, sendo fator bem presente na religiosidade das massas. O rememorar a paixão de Cristo envolvia também um complexo de práticas devocionais e festivas. A *Legenda Áurea* (século XIII) nos oferece uma importante descrição das festas cristãs que deveriam ocorrer no que Tiago de Varazze dividiu como o tempo da renovação, reconciliação, do desvio e da peregrinação[3]. Entre estas podemos citar a da Descoberta da Santa Cruz, que rememora o fato desta ter sido encontrada no século IV por Helena, mãe do imperador Constantino. Outra importante festa relacionada à encarnação de Cristo é a da Exaltação da Cruz, celebrada em 14 de setembro.

---

3   A interpretação sobre o tempo na Legenda Áurea foi objeto de estudo aprofundado na obra de LE GOFF, J. *Em busca do tempo sagrado. Tiago de Varazze e a Lenda Dourada*. RJ: Civilização Brasileira, 2014.

> A exaltação da Santa Cruz é assim chamada porque neste dia a fé e a Santa Cruz foram especialmente exaltadas. Note-se que antes da paixão de Cristo a cruz era vulgar, por ser feita de madeira comum, infrutífera, plantada no Monte Calvário onde nada frutificava; era ignóbil, por ser destinada ao suplício de ladrões; era tenebrosa, por ser feia e sem qualquer ornato; era mortífera, pois os homens eram colocados nela para morrer; era fétida, por ser plantada no meio dos cadáveres. Depois da Paixão, foi exaltada de diversas formas, passando de vulgar a preciosa, como diz André: Salve Cruz preciosa etc. De infrutífera passou a fértil, como anunciara o Cântico dos cânticos...O que antes levava à morte agora é fonte de vida. (VARAZZE, T. 2003: 767)

Esta festa, segundo a *Legenda* Áurea comemora também um acontecimento histórico; Em 615 quando Cosroés, rei dos persas conquistou a Palestina, levou da Cidade Santa um fragmento da Cruz. "Mas o imperador cristão Heráclio declarou guerra à Cosroés e, como o venceu e até o decapitou pessoalmente, levou de volta a Santa Cruz à Jerusalém. É o que esta festa exalta.[4]" (LE GOFF, 2014: 187). Portanto, desde o início do cristianismo a cruz tornou-se o símbolo maior do sacrifício de Cristo pela humanidade. Quanto a mim, diz Paulo na Epístola aos Gálatas, "Não aconteça gloriar-me senão na cruz de nosso Senhor Jesus Cristo, por quem o mundo está crucificado para mim, e eu para o mundo." (GL 6: 14). Por seu valor inestimável na história cristã, possuir um fragmento deste objeto de martírio era fator de grande prestígio.

A Vera Cruz: Fragmentos do Calvário

Ao regressar a Roma (após sua estada na Palestina), e de posse de alguns fragmentos considerados como relíquias, Santa Hele-

---

4 Segundo a tradição a cruzteria permanecido em Nínive até 627.

na mandou remodelar o palácio *Sessorianum*, transformando-o na Basílica de Santa Cruz de Jerusalém. Para lá transportou um dos pedaços do Santo Lenho, cravos da crucificação, e grande quantidade de terra, que havia trazido da região. A Igreja de Santa Cruz tornou-se um importante local de peregrinação na cidade eterna. Posteriormente, outras relíquias foram incorporadas ao tesouro da basílica, ficando expostas à veneração pública. Atualmente ocupam um espaço próprio, denominado Capela das Relíquias.[5] Pequenos pedaços da cruz foram distribuídos por toda a cristandade, sendo objeto de disputas entre igrejas e mosteiros.

> Colecionar relíquias tornou-se uma prática muito difundida e, em menos de cinquenta anos, fragmentos da cruz estavam espalhados por toda a Europa. Mas o maior pedaço ficara em Jerusalém, dando ao bispo Cirilo uma enorme vantagem junto dos líderes tanto religiosos como políticos. Milhares de pessoas acorriam para ver o lugar sagrado, onde Helena e seu filho tinham mandado erigir uma igreja: A Igreja do Santo Sepulcro...(SORA. S, 2006: 66)

Um dos motivos da redistribuição das relíquias da paixão foi à expansão muçulmana, especialmente a conquista de Jerusalém, empreendida pelo califa Omar em 638. Outro momento de redistribuição destes objetos considerados sagrados foi o Saque de Constantinopla pelos cruzados, em 1204. Robert de Clari[6] que foi um dos cronistas deste episódio disse que nada foi poupado; Nem igrejas, nem bibliotecas e monastérios. No dia 16 de maio de 1204 Balduíno IX, conde de Flandres e Hainault, foi coroado imperador do Reino Latino de Constantinopla. A partir daí vários objetos começaram a chegar às igrejas francesas e belgas. Outros tesouros

---

5   Ver Nascimento, Renata Cristina de S. Nos Passos de Cristo e seus Apóstolos. No prelo.
6   CLARI, Robert de. *The Conquest of Constantinople*. Vancouver: Medieval Academy of America .1996

serviram para ornamentar as praças e palácios de Veneza. Uma das hipóteses é que foi nesta época, que a Catedral de São Miguel e Santa Gudula em Bruxelas tenha recebido importante fragmento da cruz, provavelmente o maior do ocidente, com exceção daquele que se encontra em Roma.

Outra relíquia que desperta grande interesse histórico é a tábua de madeira na qual, segundo as escrituras, Pôncio Pilatos teria mandado escrever ("Jesus, Rei dos Judeus").[7] A frase foi escrita em hebraico, latim e grego. Esta tábua encontra-se atualmente na Basílica de Santa Cruz de Jerusalém em Roma. Segundo informações presentes em livro editado pela própria basílica[8], esta teria sido encontrada em fevereiro de 1492, durante obras de restauração. "A notícia deste achado suscitou muita comoção naquela época, também porque coincidiu com a reconquista espanhola de Granada".[9] Não nos interessa aqui a discussão sobre a autenticidade ou não destas relíquias, sua importância refere-se ao seu valor simbólico, cultual e também a seus usos políticos.

Relicário com el "Titulus Crucis". Disponível em: http://webs.ono.com/sepulcro2004/TITULUS%20CRUZ%20DE%20CRISTO.htm

---

7   Conforme Evangelho de João, Capítulo 19; 19.
8   *Basilica Santa Croce in Gerusalemme*. Roma: Lozzi Roma, 2005.
9   "La noticia del hallazgo suscitó mucha commoción em aquella época, también porque coincidió con la reconquista espanõla de Granada" Traduções da autora.

Do Santo Sudário de Turim e Oviedo

O Sudário de Turim é a relíquia mais importante da cristandade. Em tópico dedicado à discussão entre imagem e relíquia Jean- Claude Schmitt (2007) afirma; "Entretanto uma diferença essencial separa as imagens das relíquias: estas são os vestígios de um corpo humano criado por Deus... a imagem é, ao contrário, uma obra humana." (2007: 293). No caso do Sudário pode-se considerá-lo uma imagem- relíquia, pois esta é vista como uma representação quase corporal de Cristo. O lençol de linho existente em Turim representa uma presentificação da história mais sagrada da narrativa cristã, ou seja, a morte e ressurreição de Jesus. Das passagens bíblicas extraiu-se a existência destes no ritual fúnebre judaico[10]. Quando da ressurreição de Lázaro temos a seguinte narrativa: "Tendo dito isso, gritou em alta voz: Lázaro vem para fora! O morto saiu, com os pés e mãos enfaixados e com o rosto recoberto com um sudário. Jesus lhe disse: Desataio-o e deixai-o ir." (João 11: 43-44) Mais adiante temos o capítulo 20 do Evangelho de João, que tem por subtítulo "O sepulcro encontrado vazio":

> Pedro saiu, então, com o outro discípulo e se dirigiram ao sepulcro. Os dois corriam juntos, mas o outro discípulo correu mais depressa que Pedro e chegou primeiro ao sepulcro. Inclinando-se viu as faixas de linho por terra, mas não entrou. Então chega também Simão Pedro, que o seguia, e entra no sepulcro: vê as faixas de linho por terra e o sudário que cobria a cabeça de Jesus. O sudário não estava com os panos de linho no chão, mas enrolado em lugar à parte. (Jo 20:3-8).

Este lençol tem sido objeto de muitos estudos, principalmente científicos, que tentam ainda sem sucesso, comprovar ou não sua autenticidade. Depois das fotografias de Secondo Pia, fei-

---

10 Por outro lado, é preciso levar em consideração que os judeus tinham diversas formas de sepultamento.

tas em 1898 o interesse por este solidificou-se. Nesta peça de linho de aproximadamente 4 metros e 26 centímetros de comprimento, distingui-se a imagem frontal e posterior de um homem de cerca de 1,83 m que teria sido flagelado, torturado e crucificado. A tradição diz que é o mesmo lençol em que foi envolvido Jesus na sexta-feira até a manhã do domingo, dia de sua ressurreição. A trajetória da relíquia tem várias versões, sendo a mais aceita a que diz que esta teria ido de Jerusalém para Edessa, na Síria, e de lá para Constantinopla. O cruzado Robert de Clari, diz ter visto uma espécie de sudário, quando os cristãos tomaram a cidade, durante o saque de 1204.

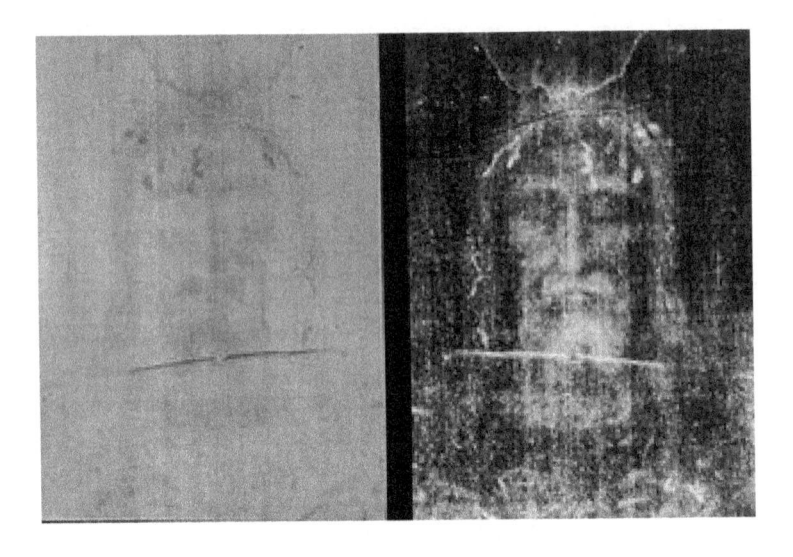

Fonte: http://www.tsf.pt/sociedade/ciencia-e-tecnologia/interior/ha-evidencias-de-trauma-no-santo-sudario-4911627.html

As dificuldades em seguir as narrativas sobre o percurso geográfico do Síndone são enormes. Livros apócrifos como o *Evangelho dos Hebreus* e os *Atos de Pilatos* chegam a dizer que a mortalha foi guardada pela mulher de Pilatos, e que depois a teria entregue nas mãos do evangelista São Lucas. O fato é que de 1204 a 1357 não existe vestígio do santo objeto. Do ponto de vista histórico a trajetória começa a ficar mais confiável a partir da presença deste na cidade de Lirey, na França, quando foi exposto à veneração dos fiéis. Porém, por disputas com outras igrejas esta veneração foi durante um longo tempo suspensa. Durante a Guerra dos Cem Anos a região da Champanhe foi devastada. Os cônegos da Colegiada de Lirey confiaram a relíquia a Humbert, Conde de La Roche. Este era casado com Margarida de Charny, que por dificuldades financeiras ofereceu a relíquia a Luís de Sabóia. "Ao morrer, sem deixar herdeiros, Luís, Duque de Sabóia, homem crente e piedoso, descendente de São Luís IX, rei da França, colocou o Síndone aos cuidados da Casa de Sabóia, primeiro na catedral de Chambéry, onde ficou por 49 anos" (FARIA, 2014: 49). Posteriormente (1502), a mortalha foi transferida para a capela ducal de Saint Chapelle, sendo em seguida guardada na Catedral de Turim, na Itália. Desde 1983 o Sudário pertence ao Vaticano. O estudo desta preciosa relíquia é conhecido como sindonologia. A sobrevivência da veneração ao Sudário de Turim, ao longo dos séculos, revela a importância que as sagradas relíquias possuem no seio da cristandade, e podem ser consideradas como fatores de identidade para a religião cristã. A última exposição do Santo Sudário aconteceu em 2015, atraindo cerca de 1 milhão de peregrinos.

Além deste fragmento fúnebre outra relíquia, de grande prestígio e que compõem a história da morte de Cristo é o Sudário de Oviedo. Na capital do Principado das Astúrias se venera, desde a época medieval, um lenço que segundo a tradição foi colocado sobre o rosto de Cristo após seu martírio e crucificação[11]. O Sudário de Oviedo trouxe enorme prestígio a esta cidade e ao Principado, contribuindo para sua fama de santidade. Apesar de sua importân-

---

11   Quando um cadáver tinha seu rosto desfigurado era comum colocar-lhe um pano de linho, antes do enterro.

cia, este ainda não recebeu tanta atenção como o de Turim. O lenço funerário não apresenta exatamente uma imagem, mas manchas de sangue e de linfa e tem forma retangular, medindo aproximadamente 83 por 53 centímetros. Mas, qual seria a trajetória histórica desta relíquia? Quais seus vestígios?

> Uma tradicío popular y religiosa local sostiene que en los primeiros tempos del cristianismo, y hasta los siglos VI-
-VII, se conservaran em Jerusalén numerosas relíquias de Jesús, que los apóstoles recogieron y colocaron em uma cajá de cedro. Em el año de 614, cuando la invasíon de los persas de Corroes II resultaba inminente, fue necessária ponerla a salvo. Se translado la cajá a Alejandría y luego, bajo la presión de los persas, ele relicário continuó su recorrido a lo largo de la orilla meridional del Mediterrâneo, hasta que em certo punto fue embarcada y transladada a Cartagena. (BOLLONE, 2010: 134)

Da cidade de Cartagena a caixa teria sido transferida para Sevilha, depois Toledo. Diante das ameaças da conquista muçulmana as sagradas relíquias foram novamente transladadas, desta vez para as Astúrias, nos arredores de Oviedo. A chegada ao Reino das Astúrias, segundo a versão tradicional, teria acontecido aproximadamente entre os anos de 812 e 842. Não há, no entanto consenso em relação ao início da veneração dos tesouros sagrados existentes na Arca Santa. Sua *"inventio"* estaria então relacionada à criação da diocese de Oviedo e a reorganização geográfica diocesana ocorrida após a invasão muçulmana. Na *Colección de documentos de la catedral de Oviedo*[12] editada em 1962, existe uma cópia que se refere a uma ata do século XII, que segundo Raquel Alonso Álvarez (2008), tenta demonstrar que a abertura da Arca Santa da Igreja de São

---

12 SANTOS, GARCÍA LARRAGUETA, *Colección de documentos de la catedral de Oviedo*, Oviedo: Instituto de estudios asturianos, 1962

Salvador de Oviedo, teria ocorrido em 13 de março de 1075, na presença do rei D. Afonso VI.[13]

Arca Santa (Século XI) da Catedral de San Salvador de Oviedo (Espanha)
http://chicureo.com/Destacados/sudario.htm

A questão é polêmica, pois este documento tem sido considerado "por Bernard F. Reilly uma falsificacíon destinada a proporcionar um suporte a la diócesis de Oviedo que le permitiera competir com Santiago em la captación de peregrinos". (Álvarez 2008: 21). Aqui é preciso destacar a importância de Don Pelayo de Oviedo[14], que foi bispo desta cidade de 1101 a 1130, quando foi obrigado a renunciar ao cargo. Depois da morte de Afonso VI, e por sua proximidade à rainha de Leão, D. Urraca, recuperou brevemente sua função entre 1142 a 1143, quando faleceu.

---

13 A cópia que resta foi feita no século XIII, mas se refere a uma ata do século XII.
14 "Desconocemos el origen y la trayectoria anterior a la aparición em Oviedo de Pelayo, aunque se han propuesto algunas possibilidades y se há sugerido su relación com el monastério de Sahagún. Em todo caso, el prelado se encuentra em la ciudad, colaborando com su predecesor Martín, desde al menos 1098."
ÁLVAREZ, Raquel Alonso. *Patria uallata asperitate moncium: Pelayo de Oviedo, el archa de las reliquias y la creación de una topografía regia*. Locvs Amoenvs, n. 9, p. 17 – 29, 2007-2008. p 25.

A este personagem atribui-se o *Liber Testamentorum Ecclesiae Outensis*, que é um dos mais importantes cartulários produzidos no século XII. Pelayo teria sido responsável por uma espécie de *Scriptorium*, existente na diocese durante seu bispado. O documento sobre a abertura da Arca Santa teria sido supostamente uma interpolação realizada durante sua administração, como forma de legitimar a autenticidade das relíquias conservadas na caixa de prata, situada dentro da Câmara Santa.

> D. Pelayo quiso recoger em sua páginas la documentación relacionada com los interesses administrativos de su dióceses en unos años de numerosas y complejas controvérsias de carácter jurisdicional entre obispado y metrópolis, después de la conquista de Toledo por Afonso VI en 1085. La reorganización de todo el mapa eclesiástico hispano a partir de la restauración de la primada visigoda propiciaría una etapa histórica compleja de reivindicaciones, en las que se vio envuelta la sede de San Salvador de Oviedo como otras muchas, en los últimos años del siglo XI y a lo largo del XII. (Álvarez, 2013: 156)

Como resultado de uma difusão propagandista da sede de Oviedo, o bispo teria promovido as relíquias ali presentes a um status de santidade maior, legitimadas pela monarquia, com o claro objetivo de assegurar determinados direitos e prestígio à sua sede. De toda forma a Arca já estaria estabelecida na Câmara Santa desde 1102. Há sempre uma vinculação das relíquias com a monarquia asturiana, e a defesa do reino cristão frente à constante ameaça muçulmana. "Pero, además, la obra cronística de Pelayo se esforzó por estrechar las relaciones de la diócesis con los monarcas, ligándolos a un territorio que adquiere así carácter simbólico, puesto que se crea la imagen de una Asturias inexpugnable tras su protección montañosa". (Álvarez, 2008: 17). Miguel Calleja Puerta (2006) assinala uma completa reorganização documental que culmina na redação do *Liber Testamentorum*, e na exaltação da presença da Arca Santa e da mortalha de Cristo, fator que trouxe enorme significado e importância política e religiosa ao bispado.

Algumas considerações finais

A crença na qual o homem está sujeito a forças invisíveis, fez com que a necessidade de materializar o transcendente se efetivasse. O imaginário criado junto à capacidade curativa e protetora destes objetos gerou uma série de disputas, levando muitas vezes à sua fragmentação, reprodução e redistribuição desordenada e conflitiva[15]. A partir do final do século V "houve uma intensa proliferação da fabricação de relíquias (*inventio*), relacionadas à vida e a morte de Cristo, à bem- aventurada Virgem Maria, aos apóstolos e aos outros personagens presentes nos relatos evangélicos." (NUNES JR, 2013: 97) Estes fragmentos da passagem de Cristo pela terra tem funções rituais e devocionais, são objetos de culto, realidades materiais do cristianismo medieval.

A discussão sobre os usos políticos e cultuais das relíquias contribuem para um estudo mais aprofundado das sensibilidades humanas na Idade Média. Para Damien Boquet "A Bíblia é rica em emoções de toda natureza e de toda intensidade".[16] E mais adiante "As emoções não são somente aquelas dos homens, mas também aquelas de Deus. O Deus da Bíblia não é nem insensível, nem impassível"[17] (2015; 22). Portanto a veneração às relíquias precisa ser entendida em sua dimensão representativa e simbólica, expres-

---

15 Cada diocese e cada igreja reivindicavam o privilégio de possuir o corpo de algum santo ou, ao menos, parte significativa dele. Iniciativas dessa natureza levaram a inúmeros abusos e criaram situações absurdas, perante as quais a hierarquia eclesiástica viu-se obrigada a intervir, de forma a organizar e estabelecer parâmetros relativos aos critérios de autenticidade, à veneração pública e às condições de direito sobre a posse de relíquias. (In NUNES JR, Ario Borges. *Relíquia- O destino do corpo na tradição cristã*. São Paulo: Paulus, 2013. p 97)
16 "La Bible est riche em émotions de toutes natures et de toutes intensités".
17 "Les émotions ne sont pas seulement celles des hommes mais aussi celles de Dieu. Le Dieu de la Bible n'este ni insensible, ni impassible"

sões de poder e elemento essencial ao estudo da religiosidade popular.

Referências Bibliográficas:

ÁLVAREZ, Raquel *Alonso*. *Patria uallata asperitate moncium: Pelayo de Oviedo, el archa de las reliquias y la creación de una topografía regia*. Locvs Amoenvs, n. 9, p. 17 – 29, 2007-2008.

_____. *Un intento de reconstrucción de las desaparecidas miniaturas del Libro de los Testamentos de la Catedral de Oviedo*. In Territorio, Sociedad y Poder. Revista de Estudios Medievales / n° 8, 2013 p. 153-168

BÍBLIA DE JERUSALÉM. São Paulo: Paulus. 2013 (9ª impressão)

BOLLONE., Pierluigi B. *El Misterio de la Sábana Santa*. Sevilla: Alagaida, 2010

BOQUET.Damien & NAGY, Piroska.*Sensible Moyen Âge.Une histoire des emotions dans l' Occident médiéval*. Paris: Éditions du Seuil, 2015.

CAPELÃO, Rosa Mª dos Santos. *Lo racional em el culto de las relíquias: la función taumatúrgica. La necessidade de crer*. In: Historia Revista da FLUP. Porto: IV série, vol 1, 2011.

CLARI, Robert de.*The Conquest of Constantinople*. Vancouver: Medieval Academy of America, 1996

FARIA, Teodoro de. *Jesus "Subimos a Jerusalém". O Sudário e a Paixão do Senhor*. Prior Velho: Paulinas, 2014.

GRAU-DIECKMANN, Patrícia. *"El mandylion del rey Abgaro de Edesa – Magia, mito, rito y espacio sagrado de un icono protector"*, en: Andrea V. NEYRA & Gerardo RODRÍGUEZ (dirs.), ¿Qué implica ser medievalista? Prácticas y reflexiones en torno al oficio del historiador, Mar del Plata: Universidad de Mar del Plata, Sociedad Argentina de Estudios Medievales, 2012, Vol. 1, p. 177- 190.

LE GOFF, J. *Em busca do tempo sagrado. Tiago de Varazze e a Lenda Dourada*. Rio de Janeiro: Civilização Brasileira, 2014.

MARTIRIOLÓGIO ROMANO. Coimbra/ Viana do Castelo: Gráfica de Coimbra, 2013.

MOVELLÁN, Alberto Villar & GONZÁLEZ, Maria Teresa D. (Org). *La Sábana Santa de Túrin Y El Santo Sudario de Oviedo. Desde la Historia, la Ciencia y el Arte*. Córdoba: Servicio de publicaciones: Universidad de Córdoba, 2008.

NASCIMENTO, Renata Cristina de S. *"Aos Pés da Santa Cruz": A Relíquia da Vera Cruz em Marmelar (Séculos XIII e XIV)*. In: Revista de História da UEG. Anápolis: Vol. 4, n.1, 2015. p. 254-263

NUNES JR, Ario Borges. *Relíquia- O destino do corpo na tradição cristã*. São Paulo: Paulus, 2013

PUERTA, Miguel Calleja. *Las relíquias de Oviedo em los siglos VIII--X.Religión y poder*. Ciclo de Conferências: Jubileo, 2000. Oviedo: 2004. p. 122-134

_____. *La Catedral de Oviedo como centro de conservación de documentos en la alta Edad Media*. In Estudos em homenagem ao professor doutor José Marques. Porto: Faculdade de Letras da Universidade do Porto, 2006.

SANTOS, GARCÍA LARRAGUETA, *Colección de documentos de la catedral de Oviedo*, Oviedo: Instituto de estudios asturianos, 1962

SCHMITT. Jean- Claude. *O Corpo das Imagens- Ensaios sobre cultura visual na Idade Média*. Tradução de José Rivair Macedo. Bauru, São Paulo: Edusc: 2007.

SORA. Steven. *Tesouros Divinos: Relíquias da Arca de Noé ao Sudário de Turim*. Lisboa: Publicações Europa- América, 2006.

VARAZZE, Jacopo de *LEGENDA ÁUREA- Vidas de Santos*, São Paulo: Companhia das Letras, 2003.

Sobre os autores

Adriana Vidotte é doutora em História pela Unesp-Assis, professora nos cursos de Graduação e Pós Graduação em História da Universidade Federal de Goiás e no Mestrado Profissional em História Ibérica da Universidade Federal de Alfenas. Membro da Associação Brasileira de Estudos Medievais/ABREM e do Laboratório de Estudos Medievais/LEME.

Alberto Baena Zapatero é professor da Faculdade de História da Universidade Federal de Goiás (Brasil) e membro do programa de pós-graduação da mesma universidade. Desde 2010 faz parte do CHAM da Universidade Nova de Lisboa, atualmente como investigador correspondente.

Andréa Doré é professora do Departamento de História da Universidade Federal do Paraná, doutora em História pela Universidade Federal Fluminense e realizou em 2012-2013 estágio de pós-doutorado na Universidade de Harvard. Pesquisadora do Centro de Documentação e Pesquisa de História dos Domínios Portugueses (CEDOPE-UFPR), publicou pela Alameda a obra *Sitiados, os cercos às fortalezas portuguesas na Índia*.

Andreia Martins Torres é Investigadora do CHAM (Univ. Nova de Lisboa) e do NEAP (UFG). Graduada em Arqueologia pela Universidade Nova de Lisboa (2006) e mestre em História da América, na especialidade de Arte Indígena pela Universidade Complutense de Madrid (2009), onde realiza também o doutorado em História e Arqueologia. Nos últimos anos fez várias estadias de investigação em museus e arquivos mexicanos, peruanos e argentinos. Colaborou ainda em diversos projetos de investigação com instituições portuguesas e norte-americanas.

Fátima Regina Fernandes é Doutora em História Medieval pela Universidade do Porto-Portugal, Mestre em História pela Universidade Federal do Rio de Janeiro e Bacharel em História pela Universidade do Porto-Portugal. Professora Titular no Departamento e Programa de Pós-Graduação em História da Universidade Federal do Paraná, pesquisadora do CNPq e atual Coordenadora do Núcleo de Estudos Mediterrânicos (NEMED).

Flavia Galli Tatsch é professora dos Programas de Graduação e Pós-Graduação do Departamento de História da Arte da Universidade Federal de São Paulo/UNIFESP. Responsável pelo Núcleo de Pesquisa História da Arte UNIFESP no Laboratório de Estudos Medievais - LEME. Principais áreas de investigação: arte tardo-medieval e proto-moderna.

Maria Fernanda Bicalho é professora no Departamento e no Programa de Pós-Graduação em História da Universidade Federal Fluminense. Entre suas publicações encontram-se *A Cidade e o Império. O Rio de Janeiro no século XVIII* (Civilização Brasileira, 2003); *O Antigo Regime nos Trópicos*, com João Fragoso e Maria de Fátima Gouvêa (Civilização Brasileira, 2001); *Modos de Governar*, com Vera Lúcia do Amaral Ferlini (Alameda, 2005); *O Governo dos*

Povos, com Laura de Mello e Souza e Júnia Ferreira Furtado (Alameda, 2009).

Paula Maria de Carvalho Pinto Costa é Professora associada com agregação do Departamento de História e de Estudos Políticos e Internacionais da Faculdade de Letras da Universidade do Porto (FLUP); Investigadora do Centro de Estudos da População, Economia e Sociedade (CEPESE). Principais áreas de investigação: História Medieval e Ordens Militares.

Renata Cristina de Sousa Nascimento é Doutora em História pela Universidade Federal do Paraná (UFPR). Professora da Universidade Federal de Goiás (UFG), da Universidade Estadual de Goiás (UEG) e da Pontifícia Universidade Católica de Goiás (Mestrado em História). É participante/ pesquisadora do NEMED (Núcleo de Estudos Mediterrânicos- UFPR).

Teresinha Oliveira fez Doutorado em História pela Universidade Estadual Paulista Júlio de Mesquita Filho (UNESP). Realizou, em 2004, estágio de Pós-Doutorado em História e Filosofia da Educação, na Faculdade de Educação da USP. Atualmente é professora associada nível C da Universidade Estadual de Maringá. Tem experiência na área de Educação, com ênfase em Fundamentos da Educação, especialmente em Filosofia e História da Educação.

Esta obra foi impressa em São Paulo no verão de 2017 pela gráfica *Renovagraf*. No texto foi utilizada a fonte Minion Pro em corpo 10,5 e entrelinha de 15 pontos.